have a drink

have a drink

倫敦微醺

飲酒文化以及酒的故事，
顛覆你想像的英國人

When a man is tired of London,
he is tired of life.

英國酒文化

世界酒旅人

推薦序

第一次聽到 Lisa 這個名字，是某次在酒吧裡與我熟識的 Bartender，被我退了好幾杯 Manhattan 之後，很氣餒的告訴我他想起另一個人，覺得我們可以變成好朋友，因此我記住了這個人。接著又有好多位 Bartender 跟我提到在英國生活熱愛酒文化的她，也經常在 GQ 讀到 Lisa 的文字，後來成為 FB 好友，但始終沒有機會碰面。終於在二零一八的某一天，Lisa 跟我說她要回台灣，並且已報名參加我主持的品酩會，我們終於見面。

身為熱愛蘇格蘭威士忌的品牌大使，自然是對英國文化非常感興趣，旅居英國多年的 Lisa 為我開啟了一扇通往英國酒吧的大門，讀著她的文字，彷彿身歷其境，同時逸趣橫生，理性的產業數據，佐以感性的飲酒文化，不僅享受了閱讀的樂趣同時也長知識。

酒帶領我探索了世界，也讓我認識了許多好朋友，Lisa 便是其中很珍貴的一位，難得有人可以一起跑酒吧，一起品飲威士忌，一起感受酒吧的氛圍，討論產業的趨勢。希望大家都可以跟我一樣，藉由 Lisa 的文字，更深入的認識各地的飲酒文化，並且樂在其中！

Afra Lin

帝亞吉歐台灣分公司品牌推廣及訓練大使、2019 年獲頒蘇格蘭威士忌產業最高榮耀 The Keepers of the Quaich（雙耳小酒杯執持者）終身會員

推薦序

二零零零年從美國搬回倫敦後，我一直在酒界工作，現在是起瓦士跟格蘭利威（Chivas Regal & The Glenlivet）的英國資深品牌大使。

因為工作的關係，我對倫敦的歷史、文化及夜生活有很深的涉獵。倫敦是座高度發展的現代城市卻將傳統維持得很好，這座城市的調酒文化獨樹一格，連紐約都無法與其相比（或許這是英國人我的私心偏見）。

在本書裡跟著 Lisa 探索倫敦，你將會發現這座城市的醉人美好，曾經是日不落帝國之都的倫敦，自古至今對世界飲酒文化都有極深的影響。除此之外，你也可以跟著她體驗英國文化，是英國皇室迷的她會跟你分享她對英國皇室的精闢見解。

Lisa 對酒不變的熱情總是令人著迷，這本書不但真實呈現她對酒的熱誠，還記錄她對英國文化及傳統的細膩觀察，有些英式傳統你可能會覺得很奇怪（先賣個關子，你需要自己從書裡發現）。不過，要先提醒你小心的是，讀完這本書你可能會情不自禁馬上買張飛來倫敦的機票。

倫敦的酒吧見！

Phil Huckle

格蘭利威 & 起瓦士英國資深品牌大使、Class 雜誌 2010 年英國最佳品牌大使

推薦序

從事調酒師工作之後，我與倫敦的淵源是一個說來話長的故事，即便之前我從來沒去過。

直到多年後踏出希斯羅機場，內心的悸動至今仍然難以言喻，是一種急於冒險的興奮情緒，想要印證對這個城市所有想像中的一切。

從踏進的第一家 Bar：The Connaught Bar 開始，從服務、技術、觀念、氛圍，甚至整個城市的市場成熟度，倫敦的一切開始徹底影響我至今。

在倫敦，即便懂喝酒的行家很多，但像 Lisa 這樣巷仔內的並不多見，能喝到出書的更是稀奇！說來神奇，我與 Lisa 的認識是從一張 Eric Clapton 的演唱會門票開始，再熟識 Lisa 之後，發現奇葩之處，不只喝的精，也喝的內行，感謝 Lisa 用他的眼界和文字，帶著我們用不同的觀點感受倫敦這個前衛多元又傳統念舊的城市！

尹德凱

Diageo World Class 調酒大賽亞太冠軍，全球季軍知名調酒師、Asia 50 Best Bar 台灣得獎 AHA Saloon 主理人

推薦序

Lisa 的文字，流露酒香：有時是醇厚繚繞的威士忌，有時是絲絨般優雅的葡萄酒；有時是風味幽微的雞尾酒，有時是淡泊卻深遠的清酒。

《微醺，倫敦》是 Lisa 旅居倫敦十多年，深入觀察英倫飲酒文化所集結的文集。愛旅行的她行遍大小國家，品味各地佳釀，也將其相關的軼聞趣事，全部收羅書中。循著她的腳步，讀著她的文字，酒香瀰漫字裡行間，微醺之中遊歷世界，迷人又愉快。

村上春樹說得真好，「我們的語言終究還是語言，我們住在只有語言的世界。我們只能把一切事物，轉換成某種清醒的東西來述說，只能活在那限定性中，不過也有例外，在僅有的幸福瞬間，我們的語言真的可以變成威士忌。而且我們——至少我是說我——總是夢想著那樣的瞬間而活著。夢想著如果我們的語言是威士忌，那該多好。」

這本《微醺，倫敦》，實現了村上筆下的夢想。在醇酒佳釀精練而成的文字裡，她與讀者交心共飲，一切盡在不言中。

楊馥如

輔仁大學教授、《真食義大利》、《義大利音樂廚房》、《不是每個甜甜圈都有洞》、《好麥給你好麵包》等暢銷書作者

推薦序

微醺時也不忘記飛翔

認識 Lisa 是在三年前，我透過朋友的介紹，了解到她的背景很符合我在《換日線》的英國職場精英人物專訪單元，於是透過電話，和她暢談了兩個多小時還欲罷不能，不僅因為 Lisa 激勵人心的職涯故事，更因為她在品酒方面的深度知識。

白天是與數字奮鬥的銀行家，晚上下班後是悉心鑽研酒文化的感性女子，完全體現了英國職場文化中「Work-Life Balance」的精髓。

在《換日線》的專欄發表 Lisa 的故事後，果然引起廣大的回響，我們也從此變成無話不談的朋友，每次見面都有聊不完的話題，因為我們個性中「不滿足於現狀」的部分很像，除了習慣階段性地為自己設下人生的下一個目標，也非常享受迎接挑戰與征服挑戰的過程，所以每一次的交流都為對方灌注滿滿的正能量。

當 Lisa 告訴我她想要寫一本關於品酒與英國文化的書時，我知道很有行動力的她絕對不只是說說而已，但是從有計畫到完成，她只花了不到一年的時間，在身為日商銀行副總、日理萬機的情況下，還能以這樣的「光速」完成這個目標，實在令我非常佩服。

過去和 Lisa 合作過的經驗告訴我，她能在英國建立成功的職涯絕非偶然，關鍵是在對工作認真的態度和有效率的執行力上，而現在她秉持這種態度踏出舒適圈，展開作家生涯的第一步。

願 Lisa 在人生的新頁寫下更精彩的篇章，也鼓舞更多想飛的靈魂。

讀者太太 Mrs Reader

英國職場觀察家、《換日線》專欄作家

自序

作為酒商的女兒，從小跟酒接觸的機會總是特別多。許多年前，在台灣清酒還完全不流行的時候，爸爸就帶我去日本參觀清酒廠。這些酒廠裡都瀰漫著米發酵的味道，機器發出轟轟聲響，我真的提不起太大興趣看製程。不過，參觀完後，酒廠會拿出各款珍藏好酒出來請我們品嚐，這才是我最期待的時刻。如果可以喝出哪款最好或是精準描述出酒的特色，就會被酒廠覺得是”識貨的“客人，以後談生意就方便許多。

後來進入金融業，對酒的熱情依舊不減。二零零六年來英國念ＭＢＡ後在倫敦工作的我，被這座文化豐富的城市深深吸引。可有件事我一直很納悶，倫敦的調酒怎麼都這麼普通？直到Ｐ帶著我去遍”巷仔內“才會去的酒吧，才發現原來倫敦雞尾酒水準之高，才知道英國有如此深厚的酒文化。在去過的這些好酒吧裡很少看到台灣人，因為這樣的資訊在台灣幾乎找不到，所以我用文字把這些感動記錄下來，希望文字可以把酒的美好帶進你的生活。

生命裡許多變化都不是計畫來的，彷彿冥冥之中有股湧流把我們引向命中註定的那條路，就像倫敦成了我第二個故鄉，就像這本書的誕生…感謝去年離開我的爺爺，如果沒有他和奶奶對我小時候的照顧，讓我在南投的山上隨興奔跑，我不會有如此自由的靈魂。衷心感謝爸爸、媽媽和弟弟，對我的任性總是包容，是我最有力的支持跟後盾。謝謝春蘭（我的編輯）和創意市集團隊，讓我把在腦海中的想法落實成這本書。也謝謝閱讀這本書的妳和你，陪著我一起探索世界品味生活。

Lisa

英國酒文化

不喝酒的千禧族

Millennials

Dry Bar 是指只提供無酒精酒品的吧，例如：無酒精調酒、無酒精啤酒、無酒精琴酒等等。

剛到倫敦工作時，每到周五英國同事總會約”下班喝一杯“（have a drink），在台北工作時下班後跟同事聚餐互相訴苦打聽八卦是常有的事，自然是爽快答應邀約，以為英國人喝一杯就是去吃飯喝酒。結果到了 pub，英國同事直接開喝，完全沒有要吃飯的意思，而且他們可以從下班後一路喝到很晚都不用吃東西。後來我才理解原來英國人說”喝一杯“是只喝不吃，而且通常不會只喝一杯，而是很多杯。如果英國人要約吃飯會說「have dinner」，用餐的時候一定會喝酒，但「have a drink」就是純喝酒。

在倫敦金融城（City of London）每到星

期四跟五下班後Pub總是擠滿人，要知道這裡Pub的密度大概跟台北的便利商店不相上下，就可以想像有多少人在舉杯暢飲。而跟同事泡酒吧聯絡感情長期以來都是英國職場文化的一部分，下班後小酌放鬆可以拉近同事關係，對新人來說不失為快速融入團隊的作法。在許多行業，例如金融城裡的保險、金融、股票經紀人和交易員，也是需要跟客戶喝酒拉攏感情建立人脈，畢竟很多交易都是在酒吧裡完成的，跟客戶午餐時如果喝上兩杯，回到辦公室裡老闆大多是睜一隻眼閉一隻眼。這是倫敦金融城裡不成文的百年行規，所以當全世界最大保險公司，英商勞埃德保險（Lloyd's of London）去年明文禁止員工白天飲酒時，BBC可是當頭條新聞來播報。

在英國只有上班族愛喝嗎？錯！英國大學生是歐洲喝酒王，比任何其他歐洲國家的學生都更愛喝而且喝得最多！英國社會不覺得大學生飲酒有何不妥，在大多數英國大學都有新生周，入學之前的"大喝傳統"讓不少入學新生還沒開學就喝得爛醉。在校園裡很方便可以買到酒，大學生也覺得在校園喝酒是與人迅速交往並適應校園生活的唯一方式。對於大學生飲酒，英國社會這種開放甚至鼓勵的態度與其他不希望青少年飲酒過度的歐陸國家形成了鮮明對比。

英國人到底為什麼這麼愛喝又能喝？有人說是因為天氣太差、日照太少，所以人們只好在酒杯裡找尋陽光，有人說是因為酒太便宜，間接鼓勵大家消費，不過在歐陸有許多國家啤酒葡萄酒都是比礦泉水便宜的，這似乎不是造成英國人貪杯的主因。根據我的觀察是這個民族天生就愛喝，他們對喝酒的熱情就像台灣人對食物的熱誠一樣，試圖尋找任何邏輯解釋都是枉然。大家都知道英國人貿易很厲害，這個愛喝卻沒有生產很多酒的民族把十三世紀的波爾多紅酒、十六世紀的雪莉酒、十七世紀的波特酒、十八世紀的香檳、十九世紀的蘭姆酒，從世界各地一箱一箱，一桶一桶地運回島上。

然而讓人以為就會這麼世世代代一直喝下去的英國人卻悄悄地起了變化，許多研究表示英國千禧世代[1]對酒精的迷戀遠遠不如自己的父執輩，這群生長於社群媒體面臨全球經濟困頓衰退的新世代，與過往世代追求截然不同的生活型態、價值觀和消費趨勢。整體而言，英國千禧世代更關注個人保健和健康狀況，想要更環保的生活方式，「健身」、「自然」、「低酒精」、「無酒精」是他們日常關鍵詞。除此之外還有個非常務實的因素，面對著房價物價高漲的時代，他們不若自己的上一輩有比較多的閒錢可以揮霍，酒在英國雖然相對便宜但是以英國人喝的數量來計算，最後結帳的時候是很驚人的，千禧世代 自然對喝酒抱持比較謹慎的態度。

這並不代表英國千禧世代就不去酒吧，他們也去酒吧但不是因為想買醉而是想去社交（social）。然而大多數作為年輕人主要社交場所的酒吧，似乎並沒有跟上時代的步伐提供這些不想喝酒但想社交的消費者更符合他們需求的飲品。Ben Branson 正是這樣的千禧世代，他在酒吧裡找不到自己想喝的飲料於是開始思考：「人不喝酒的時候該喝什麼呢？」

Ben 的家裡經營一座種植豌豆的農場，小時候他常常和爺爺在夏日的農場玩樂，那是他對童年美好時光的想念。這個有著上百年歷史的家族農場帶給 Ben 太多溫暖美好的記憶，還培養他從小對植物的熱愛。就這樣，Ben 決定用農場裡的碗豆小心緩慢地蒸餾，最後的成品像琴酒一樣不過是無酒精。他還替這個”酒“取了特別的名字 Seedlip，就是把這些蒸餾的豆子（Seed）送進嘴裡（Lip）。

”無酒精琴酒“聽起來很有違和感，不過因為蒸餾（distillation）是萃取精華的方式，在留住香味的過程中並不會產生酒精，發酵（fermentation）才會。在製作 Seedlip 時，先把豆子浸泡在特定比例的酒水混合液中，這時酒精就發揮了它作為超強溶劑的功效，使得豆子散發出最迷人的香味。然後在第一次蒸餾中，蒸發掉酒精，第二次蒸餾時萃取最濃縮的香味，每種原料進行同樣的處理後把各種萃取精華混合在一起，做成無酒精琴酒。

Seedlip 剛上市的時候只生產一千瓶，每瓶售價三十英鎊（相當於精品琴酒的價錢），在倫敦的高檔百貨公司 Selfridges 裡三天內銷售一空，引起媒體及許多不想喝酒千禧族的關注一炮而紅。現在倫敦許多的餐廳跟酒吧都有提供 Seedlip 做成的”調酒“，喝過的我其實沒有很喜歡，覺得味道裡少了些什麼，而且我不知道如何歸類手裡的飲料，既不是酒也不是豌豆水。”沒有酒精的琴酒“聽起來的確很風尚，也有其愛好者，可是對不少人來說，如果酒精帶來的歡愉美好可以如此簡單被複製，那麼酒精就不會伴隨人類幾千年都沒有被淘汰了。

前一陣子銀行裡來了位新實習生，看到還是大三生的她，我很好奇地問到：「聽說現在大學生都不喝酒了？」，她不敢置信地張大眼睛，彷彿聽到天方夜譚般回答我：「我們最喜歡玩的就是拚酒遊戲，一個晚上喝掉十幾個 Pints 稀鬆平常呢。」，這下換我不敢置信地張大眼睛，十幾個 Pints 換成水都很難在短時間內喝下去，何況是啤酒！看來英國年輕人沒有全部都過著清教徒般的生活，無酒不歡的還是不少，酒商們也無需太過擔心市場會萎縮了。

1 千禧世代：指 1980 年代和 1990 年代出生的人。

艾雷島泥煤狂想曲

Peaty Islay

產自蘇格蘭艾雷島（Islay），在威士忌的製作過程中，用泥煤燻烤大麥讓特殊的泥媒味進入威士忌裡，稱為Peaty Whisky。

多年多年前的夏天在龍洞灣，幫表哥顧著潛水店，學員們忙著探索海洋下的奇幻世界。不諳水性的我在岸上邊顧著店邊讀著，村上春樹的《如果我們的語言是威士忌》。

「…試著翻開地圖來看看，蘇格蘭的西海岸和東海岸截然不同，東海岸的海岸線光禿禿了無情趣，而西海岸則點綴著各式各樣形狀迷人的島嶼，猶如天上有人興沖沖地揮筆灑落墨滴一般，艾雷島即是其中一滴…」

村上春樹這麼形容著艾雷島，闔上書，我望著眼前的東北角，禁不住想像蘇格蘭的西海岸究竟是怎樣的風景呢？

記得與艾雷島第一次的相遇，是在出國前最喜歡去，在仁愛敦化圓環後的小酒吧。某晚，吧檯後的 Sam 拿出一瓶咖啡色瓶身的威士忌，酒標寫著 Lagavulin 16。他挑起眉毛問到：「要不要試試看來自艾雷島有正露丸味道的威士忌？」

拿近酒杯一聞，幾乎是立即愛上那帶有癖性的”香氣“。自此之後，吧檯前的女孩們面前都是雞尾酒杯，而我，永遠只有威士忌杯。後來，我才知道原來有個形容詞專講艾雷島威士忌這種特殊的氣味——peaty（泥煤味）。

時光荏苒，十多年匆匆而逝，原來不是人生中計畫的事情，接連發生。從台北搬到了倫敦，在異鄉的酒吧裡，每每見著那咖啡色酒瓶，總要點上一杯。聞著那熟悉的泥煤味，彷彿回到台北，回到那間小酒吧，回到那個決定離開台灣的夏天⋯

在倫敦住了許久，還是尚未踏上艾雷島，原因無他，就是路途真的很遙遠。不會開車的我只能全程公共運輸，先從倫敦坐近五小時的火車到格拉斯哥後，再搭三小時的巴士去 Kennacraig 碼頭轉接兩小時的渡輪，方能到達。由於巴士跟渡輪班次稀少，時間並不能銜接的剛好，得在格拉斯哥住上一宿後才來得及搭第二天最早的巴士去接渡輪。還有個比較快的方法是從格拉斯哥乘坐不到三十人的小飛機，但常常因為天氣因素而被取消，或是順利起飛後跟著蘇格蘭的狂風上下劇烈搖晃，把五臟肺腑都翻攪到吐出來。

然而今年的春天，想圓夢的我毅然決然踏上這條漫漫的朝聖之路，坐在往格拉斯哥急駛的火車上，陪伴我的依然是村上春樹《如果我們的語言是威士忌》。思思念念十餘年的艾雷島，我終於來了。雖然旅途遙遠，好在沿途風景壯觀闊麗，尤其是巴士穿越羅夢湖和朝塞斯山國家公園（Loch Lomond & The Trossachs National Park）時，地形越來越劇烈，充滿戲劇性變化的地貌主要是數億年前火山群的遺跡，荒蕪空寂震撼人心。

兩小時的渡輪帶著我越來越向艾雷島靠近，看到陸地時顧不得船身的搖晃，我從船艙衝往船頭，想早點看到艾雷島是不是如大家所說的明媚鮮妍，陽光是不是會片片灑落在海邊蒸餾廠的白牆黑瓦上，閃閃發亮。

咦~是我看錯了嗎？！眼前這座島似乎被塗了灰色的水彩，陽光沒有露臉，烏雲倒是沉重到化不開，巨浪猛烈拍打著船身，狂風吹的我直打哆嗦，這…真的是大家歌頌不已的艾雷島嗎？

以一座島嶼來說，艾雷島真的沒有什麼魅力，她不像天空島（Isle of Skye）那樣有著驚心動魄的壯麗風光，也沒有吉拉島（Jura）的千年孤寂感，而且因為島上到處都是泥煤濕地，所以也不綠意盎然。這樣的她到底怎麼誘惑每年數十萬人，不辭千萬里從世界各地來造訪？

當然就是艾雷島的泥煤威士忌，泥煤是不完全碳化的植物經過數百萬年的累積轉變成泥煤。艾雷島是蘇格蘭泥煤分布最廣的區域，在製作威士忌時將泥煤放進窯裡燃燒，用泥煤煙來燻乾做酒的麥芽，之後經過發芽、磨碎、發酵、蒸餾後放入木桶中陳年後，就會是自帶泥煤味的威士忌。

在島上待了幾天後，我心領神會了，就是因為艾雷島的交通如此不便，就是因為這座島其實沒有特別美，會來這裡的遊客都是重度泥煤威士忌癡迷者，不然絕對不會費盡千辛萬苦來這。所以，在島上陌生人很容易彼此互相攀談，不論你來自何方，大家談的話題都是威士忌。彼此分享今天去了哪間酒廠參觀，在哪間酒吧喝到什麼限量款，這種與初次見面的陌生人就能隨意輕鬆交談，分享同樣嗜好的歡樂友善氛圍絕對是在其他觀光地體驗不到的。

愛酒人、島民、風土、泥煤、歲月共同編織而成艾雷島獨特的魅力。在這麼多年後，終於懂了為何村上的書名是「如果我們的語言是威士忌」…因為，在那座遙遠的艾雷島上僅有的幸福瞬間，你我之間的語言真的就是威士忌哪…

酒學校上學去

WSET

WSET（Wine & Spirit Education Trust）是創建於 1969 年總部位於倫敦的酒學院，在全球超過五十個國家提供葡萄酒與烈酒領域認證與課程。

第一次知道英國葡萄酒及烈酒教育基金會[1]（WSET）是在許多年以前，當時 WSET 還沒拓展到亞州知名度不高。住在義大利的好友為了學習葡萄酒專業知識，不遠千里來倫敦上課期間住在我家，每天下課回來總是興奮地跟我分享學了什麼，這間酒學校最讓她推崇的是授課內容不是純學術，而是相當與市場接軌，例如：給一份菜單和酒單，要妳試想如果自己是侍酒師會建議客人用怎樣的酒來搭餐？

被她講得很好奇跟心動的我想說是不是也去 WSET 上課，研究過精實的上課內容後決定放棄，原因是我真正有興趣的酒是威士忌，對於葡萄酒雖然也喜歡，但真的沒有熱誠花上許多時間學習從土壤、氣候、風土到釀造的硬知識。而且倫敦品酒會到處都是，主講者從釀酒師、酒莊老闆、專業採購到業界專家都有，只要有心多的是管道可以學習葡萄酒，對於業餘愛好者的我來說這樣的知識量已經很充裕。就這樣，酒學校慢慢被我遺忘。

直到有天在網路上突然看到 WSET 把烈酒獨立出來單獨授課，也就是說可以只學烈酒不用學葡萄酒，太棒了！這不正合我意嗎！跟葡萄酒課程到 Diploma 不一樣，烈酒只有初級跟中級兩種課程，初級班考試輕鬆通過後，我又報名中級班。結果沒多久就收到兩本厚厚的課本，裡面密密麻麻寫滿各種烈酒（威士忌、干邑、蘭姆酒、龍舌蘭、伏特加、琴酒）的原料、發酵、蒸餾、熟成、產地及各式法規，老實說這些資料用中文讀起來都很吃力了更別說是英文。

在酒界工作二十餘年的 P 聽到我收到課本後說：「課本借我看看。」，他翻了翻課本後篤定地跟我說：「這個內容連業界人士唸起來都不輕鬆了，更別說妳是金融背景…我覺得…妳考不過。」，不服氣的我嘴裡說：「那你應該沒見識過台灣人有多會考試！」，心裡其實有點擔憂，畢竟如果很好唸的話，怎麼可能會這麼早就把課本寄來要我們在家先好好自修，而且還交代上課的時候不會講課本裡的內容所以請務必自己先把課本讀熟。

終於到了開學的第一天，老師要每位同學先介紹自己跟來上課的原因，結果全班每位同學不是在酒商，酒吧，就是在酒類貿易商工作，輪到我介紹：「我在金融業工作，是用休假的時候來上課因為這是我的興趣。」，老師馬上用英國人特有的幽默說到：「休假應該有比來這裡上課還有趣的事情可以做呢。」同學們聽了哈哈大笑起來。

開始「上課」後我懂為什麼要我們先在家自修，因為基本上我們整天都在試酒，酒這種東西再多紙上談兵都無益，學多少理論都沒用，一喝見真章。書上說愛爾蘭威士忌蒸餾三次蘇格蘭威士忌蒸餾兩次，喝過愛爾蘭威士忌就可以感受到她更為輕柔，而這就是多蒸餾一次的差別。喝過波本威士忌就知道她有種麥芽威士忌沒有的甜味，因為波本威士忌的原料是玉米。喝過法式蘭姆酒就知道她比西班牙式蘭姆酒濃郁是因為原料是蔗糖而非糖渣。

由於上的是烈酒課，每天早上就要開始嚐各種酒精濃度沒有低於四十度的烈酒，畢竟我們沒有像首席調和師般敏銳的嗅覺，用聞的就可以知道差異。連續好幾天這樣朝九晚五喝下來後，要在最後一天保持清醒去應考而且沒有把之前自修的課本內容忘記是最有挑戰性的部分。我不記得考題問了什麼，但我記得拿到高分通過的成績單時 P 眼裡的不可置信。

大名鼎鼎的 WSET 是在一九六九年根據《工業培訓法》由政府成立，旨在通過教育改善英國的經濟表現。自成立以來，WSET 從總部位於倫敦的英國教育機構擴大為全球性教育認證機構，國際影響力越來越龐大，過去一年全球有近十萬人在 WSET 學習，其中大約八成的學生是在英國以外的國家考取證照。

WSET的特色是以系統性的教學方法，量化葡萄酒與烈酒的相關知識，教導學生用同質化的方式來談論酒，從酒的外觀、香氣、風味到口感，WSET都可以用極具結構性的條理方式來描述。這種同質化的描述方式不但讓新學習者很快就可以上手，還能引起廣泛共鳴，最重要的是可以讓世界各地的葡萄酒專業人士用共同的語言來溝通。過去五十年，WSET孜孜不倦地培養葡萄酒業界相關專業人員，課程關注業界裡不間斷的變化和消費者的需求，走著學術與商業結合的路線。

畢竟，英國人深知教育的最大作用絕對不是傳授酒知識，而是驅動利潤最大化，當人們對酒的了解越多，就願意在上面花更多的錢。如果酒界要獲得更多利潤，絕對不是靠著不斷削減葡萄園或包裝成本來增加獲利，唯一的方法就是讓消費者花更多錢，教育面對消費者的從業人員，讓他們用專業知識贏得消費者的尊重與興趣，才會引起更多消費。

不過，WSET傳授的是通識，主旨是讓學生在短時間之內把很多知識系統化的記起來，打下很穩的根基。但酒的生產與市場是活的，課本上的知識是死的，有WSET證照不能代表就是專家，很多在業界被公認的專家也沒有WSET證照。在酒的世界裡，大家會選擇自己有興趣的酒類深入鑽研，酒海無涯，持續不斷的自我學習才是收穫知識的不二法門。而且，酒最有魅力的部分就是風土人文，生產的土地，氣候的變化，做酒人的執著，這些都不是靠著學習課本上的知識可以體會的。

英國儘管不是主要的葡萄酒生產國，在業界很有影響力的WSET，侍酒師大師公會（Court of Master Sommeliers），葡萄酒大師協會（Institute of Master of Wine）的總部都在英國，許多在全球被廣泛認可的酒類雜誌、期刊、書籍也出自這裡，是推廣葡萄酒教育及品鑑的領先國家。倫敦的名酒交易量與藏量也是世界之最，對葡萄酒交易的影響力不容忽視。或許從十八世紀英國人開始將波爾多葡萄酒賣給歐洲其他各國開始，幾百年來貪杯的英國人就從沒有間斷過地用自己的方式影響著葡萄酒世界。

1 英國葡萄酒及烈酒教育基金會（WSET, Wine & Spirit Education Trust, WSET）
https://www.wsetglobal.com/

閃耀的紅寶石酒

Ruby Port

產自葡萄牙的高酒精甜葡萄酒波特酒（Port Wine）是英國貴族熱愛的餐後酒，時至今日，英國女王在接待各國元首的國宴上也都會把波特酒作為餐後「暖胃酒」。

小時候，爸爸代理日本的赤玉紅葡萄酒，標籤上有個跟日本國旗一樣的紅色太陽，所以叫赤玉，配上亮黃的底色，是個大老遠就引人注意的酒標。雖然叫葡萄酒可是比一般葡萄酒甜很多，對不愛喝酒的女生來說也很好入口。赤玉葡萄酒的歷史悠久，她的誕生背後其實有個故事…

回到一八九九年，年僅二十歲的鳥井信治郎在大阪開了鳥井商店，專門從西班牙進口葡萄酒在日本販售，可是西班牙葡萄酒偏酸的口味沒有得到日本人的青睞。因此，信治郎希望能製造出適合日本人口味的葡萄酒，歷經嘗試後，信治郎用西班牙的葡萄酒加入香料跟糖，在一九零七年推出口味偏甜的赤玉紅酒。

剛上市時，主打「藥用酒」，不是治病用的藥酒是因為加入香料喝了會保健強身。酒標用大紅太陽（赤玉）是希望消費者能聯想到日章旗上的太陽，強調「赤玉是為了日本人而做的葡萄酒」。大正時代後期，赤玉在日本紅酒市場的市佔率高達六成，而這間鳥井商店正是今日日本酒界巨擘三得利（Suntory）的前身，其英文名裡的 Sun 也是源自赤玉裡太陽之意。

赤玉紅酒從日據時代開始輸入台灣，當時菸酒由台灣總督府專賣局專賣，市場上葡萄酒選項不多，赤玉口感甘美芳香順口，馬上成為熱銷商品。直至今日，在台灣許多大賣場還是買得到。少女不識酒滋味的我曾經以為葡萄酒都是這麼甜，長大開始接觸酒後發現自己偏好辛口多過於甜口。可這甜甜的赤玉紅酒在心裡的地位是無法撼動的，那是童年的點滴回憶，是今生與酒的不解緣份。

來到英國後，常在餐廳的甜點酒單上看到波特酒（Port），跟其它常見的法國、義大利甜酒不同，波特酒來自葡萄牙。不嗜甜的我從沒想過要點來喝，直到有天和P去了百年正統英式餐廳 Simpson's in the Strand，吃完那外皮烤得酥酥脆脆，裡面牛肉還粉嫩多汁的傳統英國名菜威靈頓牛排（Beef Wellington）後，P說：「我們來喝英國甜酒波特酒做為結尾。」，我說：「波特酒明明就是葡萄牙產的，不是英國的呀！」。P說道：「波特酒可是為了英國人而做的葡萄酒」。

原來十七世紀時，當時查理二世的妻子是來自葡萄牙的凱薩琳公主，英國與葡萄牙之間的貿易關係日益頻繁，這時在葡萄牙維亞娜堡（Viana do Castelo）的英國商人們抓住機會，開始努力的在葡萄牙境內尋找英國人會喜歡的葡萄酒。他們發現葡萄牙沿海產區雖然很方便將酒海運回英國，可那溫和潮濕氣候下生產出來的葡萄酒口感薄且帶有澀味，再加上品質不穩定並不符合英國消費者的喜好。於是，他們沿著斗羅河谷（Douro）往內地找，最後發現 Marão 山後面炎熱乾旱的陡峭山坡生產出的濃郁型葡萄酒很適合英國消費者。

然而，要將葡萄酒運出崎嶇的山地送達維亞娜堡是個大考驗，英國酒商們最後發現用小船載著葡萄酒順著斗羅河而下，到緊鄰大西洋的波特港（Porto）出海是最便捷的運輸方式，為了這個新通路英國酒商們紛紛在波特設立據點。雖然波特酒產自葡萄牙，但是現今波特酒的大品牌都是英語名，例如泰勒公司（Taylor's）、格蘭姆（Graham）和道斯（Dow's），這些公司背後都是英國血統都是英國人創建的。

最早一批波特酒在一六七八年從波特港運回英國，為了怕長途海運葡萄酒會變質，酒商在運輸前加入少量的葡萄烈酒或白蘭地，以增強葡萄酒的酒精強度防止變質，所以波特酒的酒精濃度比一般葡萄酒來的高，大概在百分之二十左右。一七零三年時在查理二世過世後搬回葡萄牙的凱薩琳居中撮合英國和葡萄牙簽署《梅休因條約》，兩國之間的貿易享受更多優惠待遇，此條約也進一步推動波特酒在英國的流行。第二次英法百年戰爭其間，英法之間戰事連連讓波爾多紅酒、干邑的供量不穩，這也讓越來越多英國人選喝波特酒。

十九世紀的英國貴族們在晚餐後，女眷會退到隔壁房間喝茶聊天，而男士們聚在一起邊喝波特酒邊抽雪茄邊談論政治。英國貴族對波特酒的愛好延續至今，英國女王在接待各國元首的國宴上也都會把波特酒作為餐後「暖胃酒」，大不列顛皇家軍隊（包括陸軍，皇家空軍 RAF 和皇家海軍）在正式場合也都使用波特酒向女王敬酒。聽完 P 講這麼多波特酒跟英國的淵源，我迫不及待拿起手中的 Taylor's 20 years old Tawny 喝了一口，咦！這不就是爸爸賣的那赤玉紅酒的味道嗎?!

赤玉紅酒與波特酒相似度極高的口感激起我的好奇心，開始尋找各種資料。原來，當初信治郎在西班牙葡萄酒商的家裡無意之中喝到葡萄牙的波特酒，非常喜歡，回國後模仿其味道製造出赤玉紅葡萄酒。一開始是在進口的西班牙葡萄酒中混入香料跟砂糖，二次世界大戰時，國外物資取得不易開始用日本產的葡萄釀造葡萄酒，才變成完完全全日本製造的葡萄酒。

赤玉紅酒是三得利的起家酒，赤玉在日本國內市場的成功給了信治郎很大的信心，一九二三年他在京都的山崎建造了日本第一家威士忌蒸餾廠，開始生產「專門為日本人而做的威士忌」，經過一代一代慢慢地打造出今日的三得利日本威士忌帝國。從赤玉紅酒上市到現在已經超過一百年，消費者的需求跟葡萄酒市場結構早就起了翻天覆地的變化，赤玉不復昔日光芒不再是三得利的暢銷商品，可是赤玉對三得利意義非凡，從來沒有在公司商品裡消失。兩年前，行銷功力一流的三得利抓住現在日本年輕人開始又回頭喜歡甜口酒，推出了赤玉沙瓦跟赤玉Punch，在年輕族群裡掀起一陣話題。

自從發現赤玉與波特酒的關聯後，就對波特酒特別有感情，以前看到酒單上有波特酒從來不點，現在總會點上一杯當飯後甜點，喝的時候想的不是當初英國酒商如何費盡千辛萬苦找到波特酒的歷史，而是靜靜地回到自己的兒時記憶…從紅太陽的赤玉酒到紅寶石的波特酒，從台灣到英國，從過去到未來，在在都是今生與酒的不解緣份。

專家跟自己該相信誰

VINO Type

葡萄酒大師 Tim Hanny 在 2010 年提出 VINO Type，幫助大家找出喜愛葡萄酒類型的測驗。

說到認識酒哥，這過程是有些曲折的：倫敦台灣人的圈子就這麼小，還定期寫酒文章的，真的是屈指可數。有一天，接到酒哥寫來的郵件邀請合寫文章，基於禮貌先欣然允諾的同時，心裡想：我沒見過酒哥本人，如果他人不如其文，是個討厭鬼的話，如何有辦法跟他寫文章呢？於是，我大膽提出不如我們先見面聊聊的要求，酒哥相當豪氣立馬答應，選定在南肯辛頓（South Kensington）地鐵站附近的義大利酒專賣店碰面。

到了約定時間，酒哥帥氣地推門而入，是位很有書卷氣的男生。一聊之下發現，酒哥對葡萄酒不但知識淵博還很有自己的看法。

相談甚歡的我倆就這麼聊到店家打烊，聊的眾多話題裡，最有共鳴的是葡萄酒大師 Tim Hanny[1] 在二零一零年與康乃爾大學的 Virginia Utermohlen 共同提出 VINO Type，幫助大家找出喜愛葡萄酒類型的測驗。

我們每個人的味蕾都不相同，對食物的記憶跟感受也不同，舉例來說吧，有人喜歡煙燻烏梅，有人喜歡雪花梅，有人根本不喜歡任何醃漬的梅子。無關對錯，就是每個人的喜好不同。所謂的”大師“、”達人“用自身喜好所推薦的”好酒“，各種威士忌聖經、葡萄酒聖經中被打高分，或是在國際競賽中頻頻得獎的酒，或許就這麼剛好不合口味不是我喜歡或感受得到的酒款。

那麼我們到底喜歡怎麼樣的酒呢？當然，在喝過很多酒經驗值累積夠多後，自然可以歸納出自己喜歡的酒類型。除此之外，Vino type Test 也很值得試試看。這個測驗裡的問題多半集中在飲食上的喜好，例如：喜歡吃洋芋片，堅果，蠶豆酥之類的鹹點心嗎？喜歡漢堡裡的番茄醬跟酸黃瓜嗎？喜歡喝怎樣的咖啡？喝茶加不加糖？等等，從平常喜歡吃的食物裡來找出脈絡，找出在葡萄酒世界裡自己是屬於偏愛甜酒的 Sweet 型，偏愛細緻酒款的 Hypersensitive 型，偏愛高平衡酒款的 Sensitive 型還是偏愛濃郁酒款的 Tolerant 型。

許多人做出來的結果可能橫跨兩種類型，這種衝突味覺（Conflict Type）是後天開發的第五種隱藏 VINO Type。譬如：有著敏感味覺（Sensitive Type）追求平衡的完美主義者，飲食上接受度很廣，只要糖份、單寧、口感、酸度取得良好平衡的葡萄酒，都很欣賞。然而這種對平衡的追求也可能跨到 Tolerant 型喜愛的威士忌、白蘭地這類烈酒跟濃郁型葡萄酒上。除了先天的味覺外，後天的飲食習慣制、生活環境、制約與調教可以發展出多種不同 VINOType。

在威士忌的世界裡，有個類似功用的 Whisky flavour Map，方便大家找出適合自己飲用的威士忌。地圖上的縱軸是 Smoky（煙燻泥煤）到 Delicate（細緻），橫軸是從 Light（清爽）到 Rich（豐富多層次），切割出四大方塊。

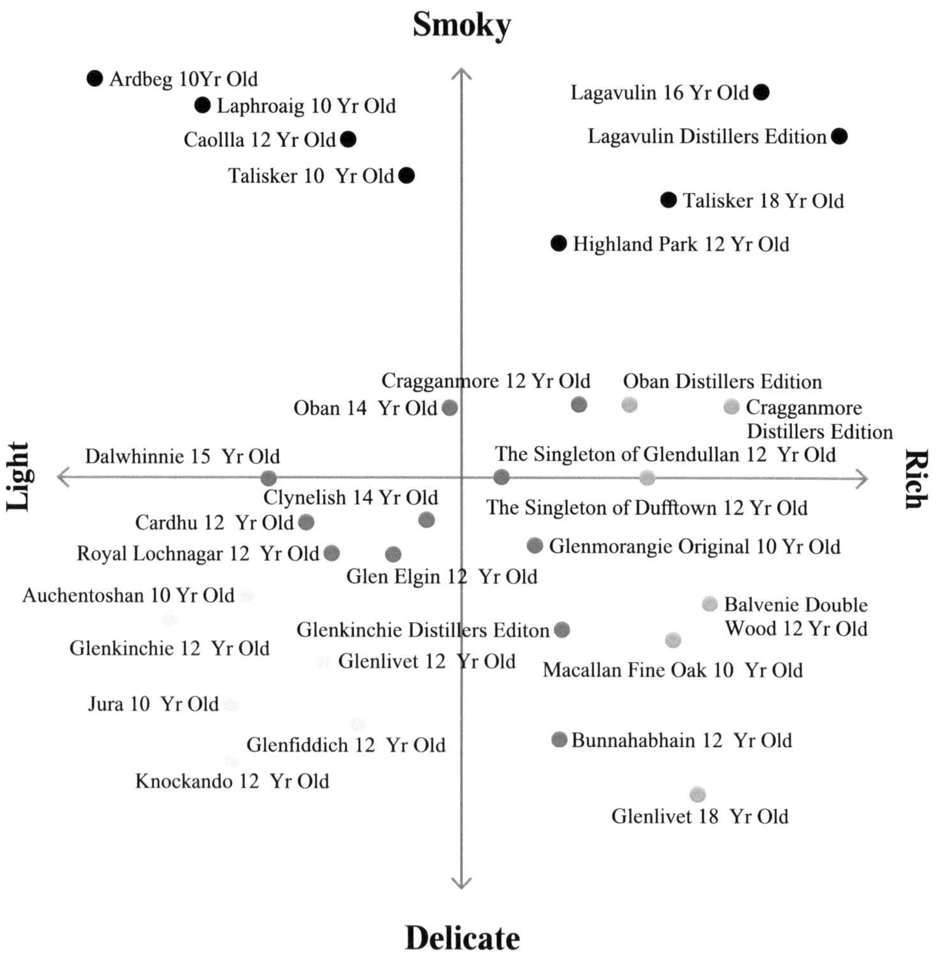
Smoky
Ardbeg 10Yr Old
Laphroaig 10 Yr Old
Caollla 12 Yr Old
Talisker 10 Yr Old
Lagavulin 16 Yr Old
Lagavulin Distillers Edition
Talisker 18 Yr Old
Highland Park 12 Yr Old
Cragganmore 12 Yr Old
Oban Distillers Edition
Oban 14 Yr Old
Cragganmore Distillers Edition
Light
Dalwhinnie 15 Yr Old
The Singleton of Glendullan 12 Yr Old
Rich
Clynelish 14 Yr Old
The Singleton of Dufftown 12 Yr Old
Cardhu 12 Yr Old
Royal Lochnagar 12 Yr Old
Glenmorangie Original 10 Yr Old
Glen Elgin 12 Yr Old
Auchentoshan 10 Yr Old
Balvenie Double Wood 12 Yr Old
Glenkinchie Distillers Editon
Glenkinchie 12 Yr Old
Glenlivet 12 Yr Old
Macallan Fine Oak 10 Yr Old
Jura 10 Yr Old
Glenfiddich 12 Yr Old
Bunnahabhain 12 Yr Old
Knockando 12 Yr Old
Glenlivet 18 Yr Old
Delicate

地圖左上角是 Light & Smoky Whiskies，落在此區塊的威士忌有辛香料、泥煤味，代表作品為強烈而濃厚、彷彿燃燒泥煤的煙會從瓶中竄出的 Ardbeg 10 年。右上角是 Rich & Smoky Whiskies，跟左上區一樣是以煙燻味為主體外，還帶有水果乾（例如：葡萄果乾）的甜味，口感上更為豐富，代表作是帶著甜美的泥煤味、和諧海潮味的 Lagavulin 16 年。

左下角是 Light & Delicate Whiskies，大部分 Speyside 產區的威士忌都在這一區，以柑橘味及花果香為主體，流露著桃子、香草、鳳梨香氣，溫和柔順的 The Glenlivet 12 年就是典型代表。而右下角則是 Rich & Delicate Whiskies，除了花果香外還帶有堅果味，跟來自橡木桶的木頭香氣，比起左下角的威士忌更具有層次感，有著肉豆蔻、太妃糖、橡木香氣，圓潤飽滿的 Macalan Fine Oak 10 年就是典型代表。

通常我們喜歡的威士忌也會跟喜歡吃的食物有關，喜歡口味清淡的人可以從左下角 Light & Delicate Whiskies 的威士忌開始試，先挑一個品牌，如果喜歡就再繼續試試附近的品牌，想要更豐潤濃郁的口感，就往地圖的右下角移動。喜歡泥煤味的人可以在地圖的上半部探險摸索，喝到喜歡的威士忌記得做個記號，當這個地圖上的記號越來越多，你一眼就可以看出自己喜歡的威士忌大多是落在哪一區。要一直留在自己的 Comfort Zone 裡鑽研類似的威士忌很好，喜歡挑戰勇敢地往地圖的對角線喝去也很好。

在倫敦有數不清的各式酒類專家，每個人都是座寶庫有挖掘不完的酒類知識跟經驗。參加過許多威士忌大師的品飲會，發現真的台英文化大不同。台式品飲會著重教到好教到滿，類似老師上課一股腦兒的想把所有知識傾囊相授，告訴你這支酒喝起來有巧克力、皮革、焦糖味，那支酒喝起來有柑橘、麥芽、香草味，希望你照單全收他的味蕾、形容和愛惡。

英式品飲著重在啟發對威士忌的熱誠跟興趣，專家很少會告訴你，”我覺得“

這支酒喝起來有什麼味道，他們更在意的是”你覺得“是什麼味道。品酒不是上課，不是學越多知識越好，而是在創造與酒的美好體驗，讓每個人離開品飲會回家時帶著跟酒的美好回憶與發自內心的笑容，才是他們追求的。教一個人釣魚，不如激發他／她對海的渴望。熱誠一旦被挖掘，從品飲會離開後，大家還是會繼續追求品酒的樂趣，尋找與自己心靈相通的酒，這才是最棒的！

品酒從來不是場分出高下的作文比賽，爭論誰是誰非的辯論大會，而是讓自己欣賞更多不同風格的品味修練；我的清新淡雅可能是你的平淡無奇，她的刁鑽怪異可能是他的風格獨特，無關對錯，have fun & have your own experience 才是！

---

1 Tim Hanny VINO Type 英倫酒哥說說酒的中文測驗連結
https://www.uksaywine.com/vinotype-test/

倫敦歡樂雞尾酒週

London Cocktail Week

London Cocktail Week 每年十月第一週舉行的倫敦調酒週，倫敦城變身成大人的雞尾酒樂園，各品牌活動及時間可以在其網站上找到資訊。

每年十月的第一個禮拜，倫敦城就會變成大人的遊樂園，裡面沒有雲霄飛車也沒有旋轉咖啡杯，可是有東倫敦紅磚巷裡好玩到走不出來的雞尾酒夜市、柯芬園的 World Class 調酒冠軍快閃吧，及超過三百間酒吧源源不絕供應的六磅調酒。如果你以為倫敦雞尾酒週[1]（London Cocktail Week）只是酒鬼狂歡的活動，那就大錯特錯了。在雞尾酒週裡不但有酒喝，還有很多與酒相關的有趣活動，各家酒商無不卯足了勁推出知識性娛樂性兼具的活動，提供消費者多樣化的選擇從不同的層面去認識酒去玩味酒，絕對是寓教於「喝」的一週。

大師講堂（Master Classes）講酒不稀奇，在雞尾酒週裡有Cocchi苦艾酒（vermouth）帶領大家認識經典調酒Negroni的課程，調酒常用到的通寧水和蘇打水也有專家教你認識。另外，酒商們無不使盡全力推出各式創意吸睛，例如：格蘭利威與倫敦知名調酒師Alex Kratena合作研發，只有在調酒週限量供應的「格蘭利威膠囊調酒系列」，將調酒包在海藻做成的可食性膠囊裡，把膠囊用力咬破後就可以享受調酒在口中爆裂的快感。

還有，大家平常吃生蠔搭海島型威士忌是稀鬆平常的組合，但雞尾酒週裡著名的海鮮餐廳Wright Brothers與Bombay Sapphire琴酒合作，要你試試吃生蠔搭琴酒馬丁尼，而來自美國的波本威士忌Maker's Mark則要你嚐嚐看甜甜圈與威士忌的美式碰撞。

在香港或東南亞國家常見的炒雪糕，雞尾酒夜市裡面也有賣，不過炒的是來自智利由葡萄蒸餾出來的皮斯可酒（Pisco），不但冰淇淋有濃濃酒味，吃的時候再淋上兩個 shot，酸酸甜甜的口感讓人想起那年夏天的初戀。艾雷島的拉弗格（Laphroaig）有間煙燻室，讓你嚐嚐燻肉燻鮭魚搭配泥煤威士忌的煙燻感，最後再來杯加入薑糖的 Laphroaig Hallball，在迎面吹來的艾雷島海風裡你瞇起了眼。

也可以在快閃雞尾酒超市裡買食材，調酒師會依照你買的材料調出酒來（好不好喝就不能保證了），或是讓大家自己手作威士忌，怎麼作呢？酒商提供蘇格蘭各大產區的原酒，然後就像小時候上勞作課一樣，將各區原酒照自己喜歡的比例混合出專屬於自己的威士忌，實際操作過後你就會知道調和威士忌真的沒有這麼容易。也可以矇著眼睛憑香氣選出自己喜歡的琴酒，調酒師會用這個琴酒做出你的琴湯尼，最後再從牆壁上的各式香草圖裡選出自己喜歡的香草裝飾。

不但有這些好喝又好玩的活動，主辦單位還會從海外請來頗負盛名的酒吧來倫敦客座，讓倫敦客能嚐嚐國外知名調酒師的創意與手藝，曾經來客座的酒吧遍及世界各地，有香港的 The Old Man、紐約的 Mister Paradise、澳洲的 Bulletin Place、西班牙的 Paradiso、巴黎的 Le Syndicat 等等。走在業界最前端的倫敦雞尾酒週當然也抓住英國千禧世代不喝酒的趨勢，開始設立無酒精琴酒 Seedlip 的快閃吧。

這個全城皆喝的盛大活動其實開始於 Selfridges 百貨公司裡的小小快閃吧，創辦人 Hannah 跟 Siobhan 都是在酒商／酒吧工作後轉戰公關公司的千禧世代，一開始她們的想法很簡單，就是想辦個小型的雞尾酒活動讓業界人士互相交流，於是號召自己在業界的親朋好友總共五十間酒吧參與，門票只賣出五千張。

第二年她們不但有原來的快閃吧，還雇用倫敦經典紅色雙層巴士把參加的客人載到國王十字車站（King's Cross Station）跟東倫敦 Shoreditch 暗巷裡的酒吧喝酒。要知道那可是二零一一年哪，國王十字車站周圍還沒都市更新，附近的暗巷感覺隨時有毒蟲出沒。而那時候的東倫敦也不像現在到處都是文青店，是屬於開膛手傑克的地盤，是大家根本不會去的貧民區，雙層巴士載著大膽冒險的倫敦客前進暗黑區喝酒去。

二零一三年的倫敦雞尾酒週登上倫敦客都很喜歡在上面找吃喝玩樂情報的 Time Out 雜誌封面聲名大噪，倫敦雙層紅色巴士換成英人牌琴酒哈克尼黑頭計程車（Beefeater black Hackney Cabs），讓酒客們可以在倫敦極窄的巷弄間自由穿梭找尋酒吧。之後，倫敦雞尾週慢慢把據點從柯芬園拓展到 Soho 及越來越多好酒吧聚集的東倫敦 Shoreditch。

今年是倫敦雞尾酒週第十年，Hannah 跟 Siobhan 本著初心將倫敦雞尾酒週越辦越出色，越辦越盛大，越辦越國際化，從本來只是想辦給業界人士交流的小活動變成今日舉城狂歡的國際性活動。

要說倫敦是帶領風潮的雞尾酒之都，絕對不為過。英國人或許不重吃，對喝絕對有他們的民族熱誠。這麼大的雞尾酒市場全年度就只有一個大型活動，是因為大家都有共識團結辦好一場活動才能對整個業界帶來最大效益，所有酒商都把預算集中在此，推出各式創意好玩的活動與消費者互動同樂。倫敦的酒吧也幾乎全數參加，魚幫水、水幫魚，團結力量大，比起在活動期間大賺一筆，大家的信念更是推廣倫敦的雞尾酒文化，藉此活動培養出更多雞尾酒愛好者。

英國人的市場行銷總是想得很遠，在既有市場裡廝殺個你死我活，最後只能打價格戰向來不是他們的思維，他們想的是怎麼把既有市場做大，雖然那需要很長時間投入資源但他們很願意投資，倫敦雞尾酒週堪稱是英式行銷的最佳例子。十年說長很長，說短很短，希望下個十年 Hannah 跟 Siobhan 繼續帶給倫敦客不同的雞尾酒體驗，讓十月第一個禮拜的倫敦永遠是屬於大人的遊樂園。

1 倫敦雞尾酒週（London Cocktail Week）https://drinkup.london/cocktail-week/

諾丁丘黑色嘉年華

Notting Hill Carnival

Notting Hill Carnval 諾丁丘嘉年華會始於一九六五年，每年八月底吸引百幾萬人參加，在倫敦諾丁丘舉行的著名大型嘉年華會，是體驗加勒比海文化的最佳嘉年華會。

十多年前台北街頭的酒吧，不像現在有許多創意新奇的調酒可喝，幾乎每間酒吧都只有像新加坡司令、長島冰茶、血腥瑪麗這類的傳統雞尾酒，其中加了檸檬汁和薄荷的 Mojito，清爽酸甜的滋味，好適合台北悶熱的天氣，是我最喜歡的調酒。Mojito 的基酒是蘭姆酒 (Rum)，有個好熱情的名字：哈瓦那俱樂部 (Havana Club)，那時的我還不知道外面世界有多大，只有在《樂士浮生錄》（Buena Vista Social Club）裡看過古巴，聽著 Ibrahim Ferrer、Compay Segundo、Omara Portuondo 這些年近半百的古巴樂手用穿透人心的靈性嗓音唱著，一首 Silencio 還沒結束眼眶已經濕潤…真的很難想像輕鬆愉快的 Mojito 跟感性深邃的嗓音都來自遙遠的同一座海島。

來到倫敦後發現原來蘭姆酒有各式各樣的品牌，不只古巴，加勒比海上大大小小的島嶼都有產。從十七到十九世紀的殖民時期，加勒比海上的島嶼被英國、法國、西班牙以及荷蘭這些歐洲列強瓜分，由於氣候溫暖，加勒比海上的小島可以種植各種在當時相當有經濟價值的農作物，例如菸草、可可豆、咖啡、甘蔗等等。在今日，蔗糖是我們日常生活中可以隨意取得且價格低廉的商品，可在當時，糖可是高級奢侈品，只有上層社會的貴族們才消費的起。

為了能夠把在加勒比海上生產的農作物賣回歐洲賺錢，不甚光彩的”黑三角貿易“（The Transatlantic Slave Trade）自此開始。黑三角貿易是指奴隸販子把歐洲做的衣物、槍枝、五金賣到西非換取奴隸，然後把這些非洲奴隸帶到美洲及加勒比海的殖民地從事種植開採等勞力粗活，最後再把美洲殖民地生產的蔗糖、棉花、礦產運回歐洲賺錢。

蘭姆酒的起源眾說紛紜，英式說法是蘭姆酒最先出現在加勒比海英屬巴貝多島（Barbados），製糖過程中甘蔗提煉後會產生糖渣（Molasses），這種深棕色甚至是黑色的黏稠液體雖然也有甜味，不過因為顏色實在不討喜而且味道也不好聞，通常都被丟棄。然而有天，在島上種植甘蔗的奴隸們在偶然的機會裡，發現這些糖渣經過發酵後會變成甜甜的酒，喝了以後他們激動地高喊 Rumbullion（英國德文郡的方言，意思是超讚！），就叫這種酒 Rum。後來英國人發現已經發酵的糖渣酒可以再蒸餾變成高酒精濃度的蘭姆酒。

蘭姆酒一開始在歐洲是不流行的，歐洲人覺得那是不登大雅之堂是奴隸喝的酒，直到二次世界時主要的威士忌及白蘭地產國全都飽受戰火牽連產量大減，俄羅斯的伏特加也難以為繼，就只剩下中南美洲盛產的蘭姆酒不受影響，此時開始蘭姆酒才在歐美地區漸漸風行起來。

不過蘭姆酒與英國皇家海軍的淵源頗深，為了讓海軍們打發海上的無聊日子，在加勒比海上服役的英國皇家海軍口糧就是蘭姆酒，依照規定每天要發放一次半品脫的純蘭姆酒給海軍。結果酒喝多後，衝突事件層出不窮，知名上將愛德華弗農（Edward Vernon）在一七四零年下令把每日的蘭姆酒配給改成早上發一半下午發一半外，還用水以四比一的比例稀釋，就這樣英國皇家海軍的蘭姆酒口糧傳統延續了兩百三十年。直到一九七零年下議院對皇家海軍蘭姆酒口糧進行多次辯論後，決定在七月三十一號這天發放最後的皇家海軍蘭姆酒口糧之後停止這項歷史悠久的傳統。當天所有的海軍都佩戴黑色臂章替這項海軍百年傳統哀弔送衷，"Black Tot Day"指的就是這令人感傷的一天。

英國在二次世界大戰期間，許多年輕人在戰爭中喪生，戰後的英國缺乏勞動力，因此許多黑人移民從牙買加、千里達及巴貝多等加勒比海英屬殖民地乘著「帝國疾風號」（HMT Empire Windrush）船艦抵達英國，協助英國在二戰後重建家園，此後便留在英國定居生根。他們剛到達倫敦時，大多居住在倫敦西邊的諾丁丘區（Notting Hill），現在以波多貝羅路（Portobello Road）二手市集聞名，有許多波西米亞風咖啡廳跟維多利亞時代豪宅的諾丁丘區在五十年代時是截然不同的風景。這裡的房舍破舊，擠滿了來自加勒比海的黑人移民、勞工階層的愛爾蘭移民，猶太人等等，種族衝突層出不窮。

一九五八年某天下午，住在諾丁丘的瑞典白人老婆 Majbritt 跟牙買加黑人老公 Raymond 又在家裡吵到不可開交，家裡的窗戶剛被砸破，兩人劇烈的爭執被經過的路人（白人）聽到，就仗義勇為的替 Majbritt 出氣教訓了 Raymond，見狀的黑人鄰居馬上加入戰局捍衛 Raymond，最後變成黑白族群拿著磚頭、木棍、刀子在街頭互相廝殺，警察在數天後才控制住局面。在現今的英國社會很難想像，一場夫妻吵架最後怎麼會變成英國近代最嚴重的種族衝突，然而這個事件也反應出當時的種族隔閡有多深，問題有多嚴重。

幾年後社會運動家 Rhaune Laslett 在諾丁丘舉辦嘉年華會，希望號召當地的加勒比海族群在街頭展現自己的文化，讓英國社會更了解他們，也希望之前的種族衝突事件將來不會再度發生。這場嘉年華會得到加勒比海移民的大力支持跟參與，他們穿著色彩繽紛的服飾，在街頭跳著熱情奔放的Salsa，喝著來自家鄉的蘭姆酒。諾丁丘嘉年華（Notting Hill Carnival）[1]就這麼一路辦下來，越來越盛大。後來倫敦的黑人族群遷移到南邊的Brixton跟東邊，每年八月底大家還是會回到西邊的諾丁丘參加這場超過百萬人的全歐洲最大嘉年華會，遊客們在這裡可以喝到源源不絕的蘭姆酒跟椰子水，嚐到香辣濃郁的正宗牙買加烤雞（Jerk Chicken），也可以隨著陽光森巴扭腰擺臀，絕對會有自己正在加勒比海的小島上狂歡的錯覺。

諾丁丘嘉年華會短短兩天可以喝掉上萬瓶的蘭姆酒，加勒比海的蘭姆酒還沒陳年前是透明無色略微嗆口，不做調酒很難單飲。陳年過的深棕色蘭姆酒味道豐富有層次，與都是在木桶裡陳年的威士忌跟干邑相比，蘭姆酒離「高雅」這個形容詞有點遠，可它更熱情直接，更自由奔放，而這正是蘭姆酒也是諾丁丘嘉年華最吸引人的地方。

去英式酒館喝一杯

Pub

Pub 是 Public House 的縮寫，是英國隨處可見的傳統酒吧，供應啤酒、葡萄酒，烈酒及餐點。英國人發明了拼酒遊戲「爬酒館」，在一個區域的 Pub 一間一間喝，到最後只能在地上爬了。

如果說，台北街頭隨處可見的咖啡店是台北人生活裡極為重要的一環。那麼，英式酒館（Pub）在英國人的生活及文化裡就扮演著相同重要的角色。時至今日，倫敦依然有許多十七世紀就開張的酒館還在營業，例如在金融區的 The Old Bank of England、Ye Old Cheshire Cheese、Holborn 的 Cittie of Yorke 更是十五世紀起就開始賣酒了呢。

Pub 是 Public House 的縮寫，就是公共之家的意思。追溯到十六世紀，那時候的 Pub 就是把自家的客廳開放給陌生人來喝酒。也因此，傳統的 Pub 裝潢就很像一般人家裡的客廳，有 Cozy 的感覺跟氛圍。

在英國久住之後發現，英國人不愛請人到家裡作客，而是喜歡在 Pub 裡與朋友會面。但若你在 Pub 裡當自己是客人，等著主人來問你要吃喝什麼？那就大錯特錯了！初來乍到的外國人（包含我自己）在 Pub 最容易犯的錯就是找張桌子坐下後，等著服務生來點菜跟點酒⋯然而，在英國的 Pub 裡是沒有服務生的！想喝酒是嗎？想吃炸魚薯條是嗎？麻煩到吧檯前面自己點！

吧檯前又是另一個 culture shock！平常就算在荒郊野外，只要超過三個英國人就會無意識地自動排成一條線（英國人真的很愛排隊）！但是在 Pub 的吧檯前卻是站的零零散散，在這個插隊立即被白眼的國家裡，我小心翼翼地觀察到底要從哪個縫隙插進去才不會被誤認為是插隊的白目。這些看似凌亂的人群，其實是有個隊伍的，而這個隊伍在酒保的心理⋯

在吧檯後忙碌工作的酒保們，隨時隨地都很留意在吧檯前等著買酒的人群，誰先誰後他們是很清楚的，所以不用擔心站在比你前面但是晚你五分鐘到的小哥會比你先買到酒！不過，這個系統也是會有出包的時候，酒保有時候也是會搞錯。這時候，用眼神跟他們示意一下，他們就知道你被跳過了，下一杯絕對就是你！而英國男生為了展現紳士風度，他們會讓旁邊比自己晚到的女生點。當他們跟妳說：「Lady First」的時候，請大方接受他們的好意，記得說：「That's very kind of you. Thank you very much」。

點啤酒的時候，請不要說「one glass of beer」，而是「one pint」（一品脫）或「half pint」（半品脫）。平常不太請客的英國人，在Pub中是輪流買酒請客。譬如朋友三人一起去Pub，三人分別請一次酒（one round），就等於最後每個人喝了三杯酒。如果是人比較多的聚會，就不可能每個人都輪一次，那麼這回沒請到別人的人，自己記得下次要自動先請第一個round。

英國的酒館通常十一點打烊，打烊前的十五分鐘會有最後叫酒（Last Round）的搖鈴，聽到這個鈴響，要趕緊把握時間去點最後一杯酒。

台灣人愛用乾杯拚酒，而英國人發明了的拚酒遊戲叫 Pub Crawl（爬酒館）。顧名思義，遊戲的最後恐怕只能在地上爬了…這個遊戲通常是大家找定一個區域選上幾家 pub，一家喝一個 round，英國 Pub 密度很高，從這家走到下家沒幾分鐘就到了，一個晚上下來，去個五家以上的 pub 稀鬆平常。

Pub 賣的酒以英國人最愛的各式啤酒為大宗，還有葡萄酒、威士忌、琴酒等烈酒。如果是簡單的琴湯尼（琴酒加通寧水）、威士忌加蘇打或可樂，吧檯可以做給你，或是把這些原料給你自己調。有難度的雞尾酒要去 Bar 才有，跟台灣不一樣的是英國很多 Bar 的執照也只有到十一、十二點，如果想喝到半夜，那得去 Night club 才行。

Pub 除了酒之外，還提供傳統英國食物，有幾道菜幾乎是每家 Pub 必有的國民美食。首先，炸魚薯條（Fish and Chips）不可少，這道舉世聞名最具代表性的英國食物，可不是英國人發明的，是由西班牙的猶太移民在十七世紀帶入英國的。先把魚裹上用水和麵粉調製的麵糊（有時會用啤酒代替水），然後下鍋油炸。在古早時候，炸魚薯條是用舊報紙包著用手拿著吃，現在有些懷舊的 Pub 還會把炸魚薯條放在印的很像報紙的紙上給客人。吃的時候要撒鹽和麥醋，豌豆泥跟薯條是基本配菜，薯條可以沾著各式醬汁一起吃，例如：咖哩醬、塔塔醬或肉汁（Gravy）。

Bangers and Mash 指的是香腸薯泥，第一次世界大戰期間英國肉類供應吃緊，製作香腸時用便宜的填充物混入香腸中，煎香腸時外面的腸衣一破，裡面的廉價填充物碰到熱油後發出 bang bang 作響的油爆聲，後來英國人就把香腸叫 Bangers。不過，也只有這道菜名才會用到 Bangers，若是去餐廳或是肉舖要點香腸時，還是請說 Sausages 這個字。吃這道菜的時候，香腸一定要放在薯泥上淋上肉汁旁邊配著豆子。

每逢禮拜天中午，Pub 一定會有周日烤肉（Sunday Roast）。在十八世紀晚期，英國工業革命時代很多家庭在周日上教堂禮拜之前會把一大塊肉跟馬鈴薯、蔬菜放入烤箱，這樣等從教堂回來就有週日大餐可以吃。現代英國人上教堂的人變少，可吃周日烤肉的習俗依舊沒變。典型的周日烤肉會烤牛肉、雞肉、羊肉或豬肉，配上烤蔬菜（歐防風、捲心菜、花椰菜）或水煮蔬菜（四季豆、胡蘿蔔、豌豆），烤馬鈴薯跟約克夏布丁（Yorkshire Pudding）[1]，再淋上烤肉跟蔬菜時滴下的高湯肉汁（Gravy）。

在 Pub 吃到的這些食物，真的就是英國人的家庭料理。也看的出來英國不是一個對吃很重視的民族，上面的幾樣食物總歸起來就是炸物、烤物、馬鈴薯跟肉汁，至於是不是美食，真的就見仁見智。比起吃來，英國人對喝更是有興趣，Pub 裡的酒單往往比菜單精彩有趣許多。下次來英國時，記得照著上面的潛規則，為自己在 Pub 點杯酒吧！

---

[1] 約克夏布丁 (Yorkshire Pudding) 是英國人很傳統的主食，雖然叫布丁其實是麵包，用牛奶、麵粉、雞蛋跟水攪拌後高溫烤成，烤出來像杯子的形狀，味道帶鹹，中間軟綿外皮酥脆。

神秘的會員俱樂部

Members Club

建立在1829年的Hurlingham Club是倫敦最難入會的私人俱樂部，凱特王妃常在這裡打網球外，夏綠蒂公主也是在這裡上網球課，據聞它的會員等候名單已經排到三十年這麼久。

說到私人俱樂部（Members Club），大家腦中浮現的可能就是有錢人的俱樂部！但比起財富，許多倫敦的私人俱樂部更重視的是傳承（heritage）及會員的共通性，他們希望會員們在經濟水平、文化水平、興趣嗜好、家庭背景上盡量都在同樣層次。也因此，比起有錢就可以入會的制度，他們更推崇的是推薦制度，通常會要求至少兩位現有會員的推薦。打開這些私人俱樂部的金鑰匙不是錢也不是權，而是「關係」！

去年某天，向來與英國皇室關係甚好的皇家禮炮（Royal Salute）寄來邀請函，上面寫著要發表新的限量款威士忌，但邀請函上比起 Limited Edition 更吸引我的字是 Hurlingham Club 這可是倫敦最聲名顯赫的私人俱樂部啊！凱特王妃和妹妹 Pippa 常在這裡打網球外，夏綠蒂公主也是在這裡上網球課！

凱特私人俱樂部 Hurlingtham Club 裡的綠茵

建立在一八六九年的 Hurlingham Club 是倫敦最難入會的私人俱樂部，據聞它的會員等候名單（waiting list）已經排到三十年這麼久，主要是因為這間俱樂部的會員是世襲制度，代代相傳甚少開放給新的會員加入。這麼神秘的俱樂部，任誰都會想去一探究竟…於是我快速地回函答覆，要參加！

發表會的當天，倫敦一如往常的陰霾還飄著細雨。禮車把我帶到 Hurlingham Club 的大門時，警衛把頭探進車裡說：「我們收到的指示是，來參加活動的貴賓都要從大門走進會所，所以要麻煩您下車喔」，雖說之前負責此次活動的公關公司就有交代務必要穿平底鞋，但看看身上的長裙，用走的不就濕了嗎？我跟警衛央求道：「在下雨呢⋯」，他面帶微笑的遞上一把大傘說：「您的傘已經準備好了⋯」

只好下車徒步的我，沒多久後就發現為何有這樣的安排了。在地價寸土寸金的西倫敦，Hurlingham Club 坐擁四十二英畝的綠地，夾道小徑上種滿了飛燕草、鳶尾花、百合花，小道的盡頭是座木造拱橋，拱橋下是開滿白色、粉色睡蓮的池畔。一望無際的草地是深深淺淺的綠，這根本就是英國鄉間才有的景致，怎麼會在倫敦市中心出現？

會所是棟優雅的喬治亞式白色建築，低調是我對她的第一印象，裡面的擺設及氛圍極為淡麗素雅，跟私人俱樂部應該是金碧輝煌的想像大相逕庭，反倒有種被好友請來她鄉間莊園作客的舒適自在。當天活動會場在面對花園的大房間，窗戶望出去的英式庭園綠意盎然，向來很會擺飾的英國人，巧妙地讓威士忌瓶身的蒂芙尼藍跟湖綠色的牆面及金色邊框相互交錯，營造出如婚禮般高雅貴氣的感覺。

發表會後我很好奇的查了 Hurlingham Club 的會費，原本以為會是天價的我吃了一驚，如此高檔神秘的俱樂部竟然年費才一千二英鎊，可見得在挑選會員時，有沒有驚人的財力並不是他們的考量，在世襲會員制度的 Hurlingham Club，身上有沒有流著屬於貴族的藍血（Blue Blood）才是能不能入會的關鍵。

除了 Hurlingham Club 外，位在蘇活區（Soho）的 Blacks Club 也是很有特色的俱樂部。Blacks 位於熙熙攘攘的 Dean Street，這棟建造於一七三二年的連棟排屋（Town House）門牌號碼極為不顯眼，外觀就跟一般民宅沒啥兩樣，大家可能經過很多次也不自覺。

回溯到一七六四年，曾說：「一個人如果厭倦了倫敦，那他也就厭倦了生活」（When a man is tired of London, he is tired of life）的英國知名文人 Samuel Johnson，在當時與時時聚集在這間房子裡談論時下的藝文話題的演員 David Garrick 及畫家 Joshua Reynolds。記得第一次在 Blacks 用餐時，隔壁桌那對情侶在討論他們曾經參訪過的非洲及中東難民營，再仔細一聽他們都是在知名英國媒體工作的記者。

以藝文為主軸的傳統延續至今，Blacks 的會員只收藝文界、媒體人士及文字工作者。在金融界工作的我當然沒有申請會員的資格，曾經透過關係替攝影師好友 Angie 拿到會員申請書，上面的問題有：你最喜歡的導演是？為何喜歡這位導演？你曾經做過最瘋狂的事？我猜他們應該沒有期待任何好萊塢賣座電影出現在以上答案裡吧…

67 Pall Mall[1] 是倫敦最負盛名的葡萄酒愛好者俱樂部，位於鄰近白金漢宮的聖詹姆斯區（St. James）由英國知名建築師艾德溫・魯琴琪爵士（Sir Edwin

Lutyens）設計的維多利亞式典雅建築裡，這棟建築原本是有「鑽石銀行」之稱的 Hambros Bank 倫敦西區分行（West End Branch），隔壁就是劍橋牛津俱樂部（Oxford Cambridge Club），這個地理位置已經隱隱透露出這不是間普通的葡萄酒俱樂部。昔日在地下室的銀行金庫現在改成藏酒窖，裡面有約三萬瓶的藏酒，他們的酒單上大約有四千種酒，光是單杯的選擇就有七百五十種之多，而且定期更換，酒單在 ipod 裡面，除了列印出來頁數太驚人外，電子版酒單也更容易更新。

葡萄酒愛好者的天堂 67 Pall Mall

對某些會員俱樂部來說最大宗的收入是會員繳交的年費，不是靠會員在俱樂部裡面的消費，所以俱樂部裡的餐飲酒水除了頗具水準外還常常比外面餐廳便宜。以 67 Pall Mal 來說進價約一千英鎊的 1989 Chateau Haut-Brion 在俱樂部裡賣一千兩百磅，外面餐廳可以賣到四千磅。而這些數千磅的酒，有時候甚至可以在俱樂部買到單杯，雖然單杯可能要五、六十磅，但比起花大錢把酒買回家還不見得捨得開來喝，用這樣的價錢就可以喝到許多心中的夢幻逸品是很划算的，67 Pall Mall 藏酒豐富裝潢典雅，自然變成倫敦愛酒人士以酒會友的最佳俱樂部。

倫敦有各式各樣不同主題的私人俱樂部，有歷史悠久有現代摩登的，不管是 Hurlingham Club，Blacks，67 Pall Mall，在俱樂部裡不認識的陌生人很容易聊起來，因為大家知道會成為俱樂部的一員，彼此之間一定有些共同點，自然而然地會卸下心防，即使是初次見也能像朋友般聊天。而或許這種認同感跟歸屬感就是倫敦各種私人俱樂部的理念，在這個形形色色八百萬人的大城市裡，當你知道有個地方一推開門就滿室同溫層的人，也是種說不出的心安跟放鬆哪！

---

1 67 Pall Mall（https://www.67pallmall.com/）

寒冬裡的聖誕特調

Merry Xmas

英國聖誕大餐的甜點是聖誕布丁（Christmas Pudding），是用大量果乾、烈酒、黑糖與香料做成的濃郁甜點，食用前要澆上大量白蘭地然後點火讓酒精揮發，酒香混著蛋糕的香甜氣味，還沒吃就先微醺。

每年十一月底攝政街（Regent Street）的聖誕燈飾點亮後，倫敦街頭繁燈似錦，聖誕節慶祝活動正式開始。除了牛津街（Oxford Street），龐德街（Old Bond Street）等主要街道上每年必換的聖誕燈飾外，各大百貨公司每年費盡心力佈置的聖誕櫥窗也是亮點。

William Fortnum是安妮女王（Queen Anne）皇宮裡的僕人，女王要求每晚皇宮要點上嶄新的蠟燭，於是每天都有很多未用完的蠟燭要被丟掉。在十八世紀的當時，蠟燭可是奢侈品啊！丟掉豈不可惜，於是William偷偷央求他的房東Hugh Mason幫他把皇宮裡未用完的蠟燭轉手賣掉。在一七零七年，他們創立了

Fortune & Mason（F&M）百貨店，從販賣皇宮未用完的蠟燭轉型到賣高檔食材，現今英國人最愛吃的罐頭豆子，當初還是F&M引進英國的呢。

事隔三百年，這家位於Piccadilly的名店每天客人仍然絡繹不絕，是觀光客最喜歡買英國伴手禮——茶葉的名店。它最引人注目的除了在店裡隨處可見及包裝上廣泛應用的F&M藍綠色外，就是極具創意巧思定期更換的櫥窗佈置。每年的聖誕櫥窗佈置，不止是遊客連倫敦市民都很期待。

脫歐公投通過那年F&M的聖誕櫥窗主題是”在一起，我們更歡樂“（Together We're Merrier）。早起的公雞與夜出的貓頭鷹、橫衝直撞的公牛與被撞成碎片的瓷器、聖誕節的火雞與菜刀、煮成通紅的龍蝦與廚師、淘氣的小男孩與很苦的甘藍菜球（英國人在聖誕節必吃蔬菜，因為有苦味不受小孩的喜愛），大家在這個歡慶的節日裡，放下怨懟，開心慶祝！店裡挑高的大廳，高掛著永不相見的太陽與月亮相視而笑。

倫敦街頭隨處可見的聖誕樹裡意義最特別的，就是在特拉法加廣場（Trafalgar Square）上這株每年由挪威政府送給英國的巨大雲杉樹，這棵聖誕樹是挪威首都奧斯陸市民送給英國人民的，感謝在二次世界大戰挪威被佔領期間，英國給予的支持與幫助，這個送聖誕樹的傳統屹今已經有七十年之久。

隨著聖誕鈴聲的接近，人們開始上街採買聖誕禮物，街頭巷尾不時傳來的聖誕歌聲，每戶人家都會去聖誕樹市集買株杉樹，扛回家佈置，樹底下擺滿聖誕節當天大家要互相交換的禮物，是充滿驚喜與愛的地方。

每家公司也會在此時舉辦犒賞員工的聖誕趴踢（如同台灣的尾

天使告訴人們聖誕到了

牙），照傳統聖誕趴是個不茫不歸的趴踢，很多公司甚至是中午開始，讓員工們一路喝到半夜。為了讓員工可以放心大喝，不用擔心喝醉了怎麼回家（很多英國人是住在倫敦外圍的城鎮，大眾運輸工具午夜前就停了，計程車又是天價），還會幫大家訂好飯店（當然是由公司買單）讓大家可以喝個盡興。然而，這一切忙碌歡樂的社交慶祝活動，會在十二月二十四號劃下修止符。

聖誕節，是英國也是歐洲全年最重要的節日，是闔家團員遊子返鄉的節日，是寒冬裡最溫暖的節日。再忙再遲，每個人都會在二十四號之前趕回老家與家人團圓。平日裡紛紛擾擾車水馬龍的倫敦，霎時停止運轉，地鐵公車停駛，連希斯洛機場都會關閉一天。

在英國，聖誕節（十二月二十五號）當日的傳統流程是，早上起來後全家人聚在聖誕樹下拆禮物，中午在家裡附近的 Pub 小酌後回家吃豐盛的聖誕大餐。聖誕大餐的主菜通常是烤火雞或鵝。火雞在約莫五百年前傳到英國，英王亨利八世是英國第一個有幸可以享用火雞的人，之後火雞是屬於上流階級的食物。現在雖然大家都買得起火雞可還是非常有節慶感的食材，英國人在聖誕節之外的日子很少吃火雞。

聖誕烤火雞要塞入用許多香草調味的豬肉餡（其實就是香腸內餡）或是鼠尾草洋蔥製成的餡料後放入烤箱，體積龐大的火雞要烤到皮脆肉嫩是需要真功夫的，再加上平時不烤來吃沒什麼練習的機會，負責烤火雞的女主人心裡通常是七上八下的，好在英國人對食物不太挑剔，吃到很柴的烤火雞也不會抱怨。

聖誕大餐的配菜有烤馬鈴薯，還有各式烤蔬菜，甘藍菜球、防風草根與紅蘿蔔。帶有苦味的甘藍菜球是種明明全家都不愛吃，但每年聖誕節還是一定會出現在餐桌上，全英國人都對它有特殊情感的蔬菜。搭配聖誕大餐的醬汁最常見的是蔓越梅醬跟烤火雞、蔬菜的高湯製成的肉汁。

在聖誕市集隨處可見的 Mulled Wine（加了荳蔻、薑粉、肉桂及香料的熱紅酒）不是英國傳統的聖誕酒飲，蛋酒（Eggnog）才是。十七世紀時英國上流社會開始流行用雪利酒混合牛奶做成的蛋酒，當時牛奶、蛋與雪利酒都價格不菲，平民階級是喝不起的。在現代，蛋酒的材料可以輕易取得，超市甚至有賣已經事先調好的，買回家後可以依照個人喜好加入香料或者其他種類的烈酒飲用。蛋酒喝起來就是很甜的奶酒，說不上好喝是有濃厚節氣感的調酒。

英國聖誕大餐的甜點是聖誕布丁（Christmas Pudding），雖然名字叫布丁長相是蛋糕，口感不似蛋糕般鬆軟而是非常厚實，是用大量果乾、烈酒、黑糖與香料做成的甜點。通常聖誕節幾個月前就做好，放上足夠的時間熟成讓口味更加濃郁。食用前要澆上大量白蘭地然後點火讓酒精揮發，陣陣酒香混著蛋糕香甜的氣味，還沒吃就先微醺。酒足飯飽後大家紛紛倒在沙發上看電視、玩桌遊或是猜謎遊戲，下午三點一到，要準時在電視前收看女王的聖誕演說，女王奶奶說什麼不重要，重要的是她在電視裡跟大家過節，已經是英國傳統聖誕儀式的一部分。

十二月二十六號是boxing day，所有讓人喪失理性的名牌瘋狂折扣從這天開始，此時倫敦到處是全世界湧進來購物跟倒數新年的觀光客。聖誕節過後，大家期待的是跨年狂歡派對。在英國聖誕節是與家人共度的節日，而新年是與朋友、戀人歡度的節日。每年的最後幾分鐘，無數絢麗繽紛的煙火打入泰晤士河黑夜的高空中，璀璨了整個倫敦天際線，在煙火落下的瞬間，千千萬萬的人告別舊的一年，許下新年新願望。

倫敦雞尾酒歷史

The Savoy

由 Harry Craddock 執筆的 The Savoy Cocktail Book 自 1930 年發行至今都是調酒界的聖經，裡面有 750 種以琴酒為基底的調酒。

二零一八年 The World Best Bar 第一名的 American Bar（在 The Savoy Hotel 裡），從十九世紀迄今都是世界級的酒吧。

說到倫敦，沒有多少人會把這座城市跟雞尾酒聯想在一起，事實上倫敦雞尾酒的水準之高絕對在多數人的意料之外，二零一九年世界前五十名的酒吧倫敦囊括十名[1]，另外還有許許多多的好酒吧沒有在這份名單上。說到英國人，總覺得應該都在喝威士忌、琴酒、啤酒及葡萄酒，倫敦又是怎麼成為雞尾酒愛好者天堂的呢？

倫敦的雞尾酒歷史上，坐落於泰晤士河畔

邊的薩茯伊飯店[2]（The Savoy Hotel）絕對是重要的篇章。從十九世紀開始就是倫敦上流社會的重要社交場所，也是身分與地位的象徵，被英國媒體譽為「名人的第二個家」貴氣十足的 The Savoy 在二零零七年十二月暫停營業，由蜚聲國際的室內設計大師 Pierre-Yves Rochon 親自重新設計。經過將近三年的繁浩工程，換上新裝的 The Savoy 再度開啟飯店大門，以更耀眼的榮光迎接來自世界各地的頂級賓客。

翻新後的 The Savoy，前廊的經典木頭大門造型依舊，經過旋轉門來到飯店前廳，黑白格相間的大理石地板、精細的壁畫雕塑、典雅的水晶吊燈，完美呈現上個世紀的風華絕代。穿過大廳，來到全倫敦最著名的下午茶餐廳 Thames Foyer，有挑高引入自然天光的玻璃穹頂，圓頂下是英式花園涼亭，高貴優雅的設計裡充分展現華麗的氛圍。

位於 The Savoy 內的 American Bar 是從一九二零年代起就帶領倫敦雞尾酒風潮的著名酒吧。一九二零年到一九三三年美國實施禁酒令時，許多優秀的調酒師飄洋過海來到歐洲開創事業第二春，當時的英國人都喝香檳、葡萄酒、波特酒跟干邑，雞尾酒是大西洋另一岸的美國人喝的。因為禁酒令決定在一九二四年搬回老家英國，進入 American Bar 服務的 Harry Craddock 是當時業界裡名氣響叮噹的調酒師，他精湛的手藝讓英國貴族們大吃一驚，慢慢開始風行喝雞尾酒。當時他用英國琴酒為基底，設計出超過七百五十種的雞尾酒譜全都收錄在他寫的「The Savoy Cocktail Book」，即便過了快一個世紀這本書仍然是調酒界不朽的聖經。

在玻璃穹頂英式涼亭旁喝下午茶

重新裝潢後的 The Savoy 特別保留 American Bar 原來的經典設計，Art Deco 風格的吧台交錯著玻璃鏡面的冷光與椅背扶手的金屬黃銅光，奶油色的牆壁上掛著一張張經造訪這間酒吧的名人黑白照片。二零一零年重新開幕後，American Bar 由 Head Bartender Erik Lorincz[3] 領軍，在他的帶領下 American Bar 的光環沒有因歲月流逝而黯然失色，反而更加的光彩奪目，屢屢奪下國際大獎，也是許多名人到倫敦的必訪之吧，業界人士心目中的殿堂。

在禁酒令期間得以發展的英國雞尾酒業在一九三九年到一九四五年的二次世界大戰期間大受打擊，當時英國烈酒配給取得困難，做雞尾酒的其他材料也很難取得，大大影響雞尾酒的供給。二戰結束後，英國經濟重創全民努力重建家園，頓時也沒人喝雞尾酒。一九七零年代的英國經濟衰退嚴重，失業率飆升，工會成天發動罷工，倫敦的房子全部灰矇矇，不是因為是霧都，是因為窮到沒錢清理。當時的英國被稱為「歐洲病夫」，喝雞尾酒這麼附庸風雅的嗜好完全跟當時的倫敦格格不入。

一九八九年英國政府為了停止當時酒類市場被六家啤酒廠壟斷頒布了 Beer Orders，鼓勵投入酒類製造跟酒吧營運的生意，於是許多人跟資源紛紛進入這個行業，競爭帶來品質的提升，消費者對調酒的品質要求變高，雞尾酒文化就在這個法案的推波註助瀾跟整個產業結構的改變下快速成長。一九九四年 Oliver Peyton 所開設的 Atlantic Bar & Grill 一開業就是倫敦最受歡迎的酒吧，在裡面工作的傳奇調酒師 Dick Bradsell 是開啟倫敦調酒文藝復興的靈魂人物。

當時的倫敦，好調酒只有在像 The Savoy, Claridge’s, Dukes, The Dorchester 這樣的五星級飯店才能喝到，而且所費不貲，Dick 想要讓大家在一般酒吧用合理的價錢就可以喝到品質好的雞尾酒，他從調酒的果汁要用新鮮榨汁，不要用瓶裝果汁，冰塊要用純水製作，雞尾酒杯先冰好這些小細節開始改變當時業界的作法，這些在現代看來”調酒不是本來就應該這樣做“的步驟，在當時可都是天方夜譚。Dick 還創造了許多現代經典調酒，Espresso Martini, Russian Spring Punch, Bramble，這些調酒結合古典精神與嶄新創意，他覺得調酒應該追求的是細節完美與口感平衡，而一位好的 bartender 不但要會調酒更重要的是要會招呼客人。

Dick 在每間酒吧都工作不久，每到一間新酒吧他就把這些觀念廣為宣傳，在他的影響之下英國的調酒師們開始找回過往的熱情與對這份工作的認定，他也激發了許多雞尾酒的創意跟想法，現在很多英國調酒界的大師級人物，當初不是跟他一起工作就是被他啟發。由於工作過許多酒吧 Dick 的徒子徒孫眾多，這些人很多到了亞洲、美洲、澳洲去工作或是當顧問，就把這些觀念再散播到全世界。不過 Dick 沒有因為他對倫敦雞尾酒業界的貢獻而大發財，晚年偶爾還會在 Soho 的 Pick Chihuahua 調酒。

去過 Pink Chihuahua 幾次的我，有晚看到他在吧檯後面，簡直不敢相信自己的好運，怯怯地跟他點了杯他發明的 Espresso Martini，把馬丁尼遞給我的 Dick，一定沒有想到對面的這個亞洲女孩聽過多少關於他的故事，在接過酒的那一瞬間，我看到他眼裡的溫暖和真誠。可是之後，我再也沒有在 Pink Chihuahua 喝過他做的調酒，因為隔年他就因為腦瘤與世長辭了。

很喜歡 Dick 說過的一段話：「調酒裡的主要風味必須平衡，各元素間的空隙也需要被補上，最終要創造出和諧綿長的口感[4]。」。雖然這段話講的是調酒，卻充滿人生哲理，在生命裡扮演的各種不同角色中，我們又該如何讓每個角色完美交融又達到平衡呢？

Savoy 飯店典雅的房間映著窗外的泰晤士河

1 Connaught Bar, American Bar, Three Sheets, Coupette, Scout, Lyaness, Happiness Forgets, Swift, Kwant, Artesian

2 薩茯伊飯店（The Savoy Hotel）https://www.thesavoylondon.com/

3 Erik Lorincz 在 2018 年離開 American Bar 開了自己的酒吧 Kwant，現任 American Bar 的 Head Bartender 是 Maxim Schulte。

4 The flavours of the principal elements must be in balance. Between them are gaps in flavour. These gaps must be filled. We are trying to create one long flavour on the palate

鄉村風情柯茲窩

Cotswolds

Barnsley House 莊園保留英式鄉村莊園的古典，室內設計則融入現代風格，是間將傳統鄉村魅力與現代舒適感相互交織，低調且優雅的莊園。

柯茲窩焦糖色的石頭房舍

林語堂大師曾說：「世界大同的理想生活，是住英國鄉村的房子，用美國的水電煤氣，有個中國廚子，娶個日本太太，再有個法國情人。」讀到這段話時，不禁噗哧笑出聲。除了美國煤氣已經普及各國外，其他幾個國家的形容在百年後依舊精準。要感受大師筆下的英式田園詩意與鄉間浪漫，並非難事，被稱作「英格蘭的心臟」位於英格蘭西部，離倫敦兩小時車程的 Cotswolds（科茲窩）就是保有傳統英國鄉間風情的地區。

Cotswolds 是由兩個古老的英文單字組合而成，Cots 是羊，Wolds 是平緩的山丘。這裡從古代開始就是羊毛的主要產地，即使現在也隨處可見羊群在綿延的山坡上。在這裡，一個個中古世紀的英國小鎮被完美保存，滄桑古舊的栗色石屋錯落在綠草如茵的鄉野間或是清澈潺潺的小河旁，時間彷彿靜止在數百年前。

柯茲窩有幾個特別有名的小鎮很值得拜訪，如果在網路上蒐 Cotswolds，出現的整排陡斜屋頂的蜂蜜色石頭小屋，就是被譽為「全英國最美鄉村」的拜伯里

（Bibury）。風景如畫的阿靈頓路石頭排屋建於一三八零年，最初作為寺院羊毛店，十七世紀變成生產布匹的織布小屋。百老匯（Broadway）也是很有名的小鎮，鎮上有許多的骨董店跟家具店，英國前首相卡麥隆（David Cameron）老丈人的家具店就開在此。

英國人對鄉間有種迷戀，自古以來英國貴族們就喜歡心曠神怡的鄉間生活，所有貴族莊園都是蓋在鄉間，貴族喜歡的狩獵、鄉間散步等等活動都與大自然有關。然而根據我的觀察，英國人對鄉間生活之所以著迷，倒不是因為他們幻想過貴族般的生活，而是鄉間的內斂沉靜跟英國人的個性極其吻合，在鄉間英國人才能放鬆自在。不是英國人的我們，對英國鄉間的美好想像，總是與貴族脫不了關係，總幻想能去英國鄉間豪華的莊園住個幾晚，過過當貴族的癮。

坐落在由 Rosemary Verey 設計的園林花圃中，古老高貴的 Barnsley House[1] 是相當精緻迷人的莊園。與其它英式莊園很不同的是其建築雖保留英式鄉村的古典，室內設計則融入現代風格，傳統鄉村魅力與現代舒適感相互交織，低調且優雅。所謂歲月靜好，可以是慵懶地躺在水療池中，透過整片落地窗灑進的陽光隙縫裡，看穿戶外無邊的庭園景緻，靜靜地度過屬於自己的美好時光。亦可是選部好片，在莊園裡的小型私人劇院裡，邊吃爆米花邊看電影消磨下午時光。莊園的晚餐也很讓人驚豔，義大利主廚就是美食的保證，餐桌上的新鮮蔬菜來自於莊園裡的花園菜圃，其餘的食材來自於合作已久的當地農家。

住宿莊園的時候，一定要去鄉間散步，通常莊園會提供附近散步小徑的路線圖，走在這些穿越草地、湖濱、沼澤、丘陵的步道上每個季節都有不同的感動；春天裡滿是水仙，夏天裡綠意盎然，秋天

冬日裡窗外的晨曦

英國的鄉間讓旅人走進內心的荒野

裡橙紅金黃，冬天裡白雪皚皚。在英國的四季散步，才了解大自然是首詩。回到莊園時，坐在壁爐旁舒適柔軟的沙發上，烤著爐火聞著木柴香來份英式下午茶，再傳統不過！

英國有首歌這麼唱的：「鐘敲四下，一切都會為下午茶停下[2]」。英國人對下午茶重視的程度可見一般，正宗的英式下午茶有許多規矩，首先點心要用三層瓷盤裝，最上層放三明治，中間層放司康（Scone），最下層放蛋糕及水果塔，享用糕點時請從上層吃到下層。喝的只能是英國茶、大吉嶺、錫蘭茶、阿薩姆等等的紅茶。先倒茶再加牛奶，攪拌牛奶時要在杯內十二點和六點方向之間來回攪拌。

散完步後在壁爐旁邊喝上一杯茶

英國本來不產茶，喝茶的習慣是十七世紀英王查理二世的妻子，來自葡萄牙的凱薩琳公主帶入英國貴族社會的，在茶葉貴過黃金的當時，她的嫁妝裡就有茶葉。新皇后對喝茶的喜愛引的貴族們爭相仿效，喝下午茶時男性要著燕尾服，女仕要穿著蕾絲花邊的絲綢裙子。在現代不用這麼講究，不過在倫敦提供傳統英式下午茶的麗池酒店（The RIZ）、薩伏伊酒店（The Savoy Hotel）、多徹斯特酒店（Dorchester Hotel）等等高檔飯店仍然會要求客人穿著正式服裝。英國傳統下午茶有滿滿的儀式感，它的精隨不在於茶點多好吃而是貴族的精緻生活態度。

在莊園的第二天早上，鄉間鶯舌百轉的鳥鳴聲把我叫醒，來杯早茶享用烤蕃茄、香腸、煎培根、豆子、炒蛋的英式早餐後，就可以開始貴族們最喜歡的戶外活動，只要先跟莊園預訂，他們便會安排騎馬跟獵鴿（Clay-pigeon Shooting）。不用擔心，獵鴿打的不是真鴿，而是射難度很高的空中飛靶。沒騎過馬也沒關係，附近馬場的馬都訓練有素，只會走固定路線不會亂跑。騎著馬緩緩地在鄉間小徑走著，從馬背上看著遠方起伏的丘陵，才心領神會被無數文人歌頌讚揚的英國鄉間有多美。

英國人對鄉間這份深深的眷戀，讓他們從來不覺得自己屬於城市，他們真正的靈魂在鄉間。從夏洛蒂．勃朗特的《簡愛》到珍．奧斯汀的《理性與感性》、《傲慢與偏見》這些經典古典小說描寫的都是英國地主鄉紳的生活。要了解真正的英國文化，絕對不是在倫敦、曼徹斯特、伯明罕這些大城市裡走走逛逛就可以體驗。下次來英國，找間傳統莊園住上幾宿，好好感受英國鄉間的寧靜恬淡，體會英國鄉間就是美在這份氣質跟寂靜，讓旅人安然走進內心的荒野。

1 Barnsley House 莊園 https://www.barnsleyhouse.com/

2 When the clock strikes four. Everything stops for tea

愛上威士忌的妳

Aqua Vitae

Whisky 這個字源自拉丁文裡的 aqua vitae——"生命之水"。在古代的阿拉伯，因為其芬芳香氣被拿來當香水使用。

十多年前剛來倫敦時，說到威士忌英國人總說：Daddy's drink，意指是老男人喝的酒，年輕人只會在聖誕節買來送爸爸跟爺爺當禮物。更別說女人喝威士忌，女人應該要喝香檳，應該要喝葡萄酒，怎麼樣也不是威士忌這種酒精度又高，喝起來又嗆，還如此粗曠的酒。

皇家裘花園 Kew Garden 裡的品飲會

近幾年在酒商不遺餘力的行銷下，英國威士忌品飲年齡層發生結構性變化，越來越多年輕人愛上威士忌。酒商不再只著重宣傳威士忌的陽剛面，他們也希望威士忌的優雅感性能吸引到更多女性欣賞。

威士忌在中世紀可是香水呢

Whisky 這個字源自於蓋爾語裡的 uisgebeatha，拉丁文裡的 aqua vitae，她的名字其實很美——"生命之水"。在古代的阿拉伯，因為她的芬芳香氣，被拿來當香水使用。女人們都愛的香水也是酒精製成，許多蘇格蘭蒸餾廠蒸餾出來的初段酒就是提供給各大香水公司製作香水用，深受許多女人喜歡的香奈兒香水就是某大牌威士忌蒸餾廠來的！

威士忌的調和師和香水的調香師是同質性極高的職人，每款匠心獨運的香水和威士忌，憑藉的就是調香師及調和師的工藝和優於常人的敏銳嗅覺，他們能輕易分辨出來清新的水蓮香與古樸的茶香，內斂的麝香與溫暖的琥珀香，他們希望自己創造出來的香水和威士忌能激盪人們去回憶起生命中最懷念的人、最美好的時光、以及最熟悉迷戀的氣味。

大多數的男生講到威士忌製程總是眉飛色舞，是幾號酵母發酵的，是罐式蒸餾器還是柱式蒸餾器，說到泥煤，那更是腎上腺素激升，迫不急待要分享是多少ppm！相對於男士們，大部分女人（包含我自己在內）對製程沒有多大興趣，說到製程就讓人想到討厭的化學課。

比起製程，威士忌熟成過程浪漫許多。威士忌七成以上的香氣與風味是熟成過程中橡木桶帶來的影響。一瓶酒標上寫著二十年的威士忌，代表酒瓶裡最年輕的威士忌是經過二十年陳年的。二十年前的妳和我在哪？二十年前這些威士忌就已經在橡木桶中，日日夜夜接受蘇格蘭鹹濕的海風、初夏滿山遍野的石南花香、寒冬裡皚皚冰雪的洗禮，透過橡木桶與天地反覆對話，點點滴滴蛻變成今日的容貌。

如果說製程講求的是科學，那麼陳年講求的就是藝術，不是把威士忌放在酒桶裡，等上數十載就會變成美泉甘液。除了每年揮發掉的 2%~3% angel share，若不是本身就是強韌有個性的原酒，在熟成過程中酒體被橡木桶破壞的例子更是不少。今日科學再發達也無法控制原酒在木桶裡熟成的風味口感，一切只能靠天。

而這些不見遲暮老去，在香氣口感上展現豐富層次的香醇威士忌，在最完美的時刻，會被調和師選出裝瓶與我們相見。此時，與我們相會的不只是酒瓶裡的香醇液體，還有，那與歲月交織成的詩篇。

比起男人，女人是更感官的生物。是誰說，一定要像男人般滴水不加的純飲威士忌才是懂威士忌？如果可以在口感上、視覺上、甚至是嗅覺上引起我們的好奇，如果威士忌調酒能讓女人們愛上她的洗鍊細緻，何不從調酒開始接觸威士忌？

試想，在有如婚禮般的夢幻場景，輕柔呢喃的爵士樂輕聲飄盪，到處都是醉人的玫瑰花，有盛開的大馬士革紅玫瑰，剛綻放的保加利亞粉玫瑰，桌上有杯調酒，水晶調酒杯中有片玫瑰花瓣，拿近一聞，是優雅傾心的玫瑰香氣，這時才見著花瓣上還有晨露，這樣嬌奢的威士忌調酒，有多少女人會毫不猶豫的舉杯入喉。

有著玫瑰花香的威士忌調酒

這款“Royal Rose”是慶祝伊莉莎白女王九十歲生日特別設計的調酒，基酒是典雅細緻的21年調和威士忌，加入英國人最愛的阿薩姆茶和伯爵茶，其中最心機的原料是來自南法香水之都Grasse的千瓣玫瑰（Centifolia Rose）

香精。Grasse 每年所產不多的千瓣玫瑰八成以上都被香奈兒買去做香水，其他所有頂級香水品牌就搶剩下的二成產量，是比黃金還難取得的玫瑰香精。

曾經在紐約參加愛馬仕首席調香師 Barnabe Fillion 主講的聞香品飲，顧名思義就是從千變萬化的香氣上認識威士忌，品的不只是酒還有香氣，讓女人可以用更感官直覺的方式認識威士忌，當時 Barnabe 設計五款香水對應調和威士忌裡面五款最重要的穀物威士忌及純麥威士忌的香氣，透過配對讓大家認識威士忌低調內斂的香氣。

如果覺得純飲威士忌太過單調無趣，搭配巧克力也是很受歡迎的組合。我喜歡將冰凍過後的威士忌搭配岩漿巧克力蛋糕佐杏仁冰淇淋當甜點，冰凍後的威士忌香氣雖然消失了，與巧克力蛋糕和冰淇淋一起融化在嘴裡時，非常清爽淡雅，威士忌搖身變成餐後甜酒。和巧克力搭配時，有個小訣竅是盡量不要選本身口感就非常豐富有層次的威士忌，這樣與細緻複雜的巧克力搭配時，威士忌與巧克力會各自精彩，難以譜出和諧的交響樂章。反而用單喝沒這麼精彩的威士忌，可以藉由巧克力的苦跟甜帶出更多味蕾舌尖上的驚喜。

問過很多女性朋友為何拒威士忌千里之外？得到的不外乎「喝起來好嗆」，「男人才喝威士忌」之類的答案。是的，威士忌的確不是輕易就會喜歡上的酒，得伴隨些許人生歷練才會懂得其中的深沉內斂。英國人說：喝威士忌的女人有許多的美好故事[1]，這樣的女人是神祕的是性感的。女人喜歡酒通常是因為感性的元素，也許勾起心裡的某個情懷，曾經的故事，美好的回憶，懷念的氣味，這些感動都是很直觀的。還沒愛上威士忌的妳，可能還在尋尋覓覓的路途上，祝妳能早日找到那與心靈相通的他。

1 I feel like girls drink whisky have good stories

夏日炎炎琴湯尼

Gin Tonic

琴湯尼（Gin & Tonic）是英國人最愛的夏季調酒，正統琴湯尼中通常Gin跟Tonic的比例是1：2。琴湯尼到底好不好喝，通寧水（Tonic Water）佔了很重要的角色。

剛到英國的時候，完全不懂為何英國佬們見到陽光就跟瘋了似，臉上帶著傻笑坐在草地上、公園裡、陽台上，身體還要露出最大面積來曬太陽。從亞熱帶國家來的我，看到陽光的直覺反應就是站到陰涼處躲著，英國佬這種用比陽光更熾熱的熱情來擁抱夏天的行為真的讓我很不能理解⋯

住了幾年後，我懂了那種連續兩百天沒看過陽光，突然看到陽光時想衝得比誰都快，恣意地躺在草地上的衝動跟展開雙臂任憑陽光揮灑在身上、在臉上的舒服。而且，這時候手上絕對不能少杯英國夏天定番——琴湯尼（Gin& Tonic）！

時下大家常見的琴酒主要來自英國，但實際上琴酒不是英國人發明的，琴酒其實源自荷蘭。早在十六世紀前，琴酒的主要原料-杜松子就被當作利尿、解熱與治療痛風的藥材來使用。杜松子的荷蘭文是Juniper，琴酒之後由行經荷蘭的英國船員與士兵將其帶回英國，將其名稱簡稱為較容易發音記憶的「Gin」，從此以後英國開始有少量的琴酒製造。

迫不及待要曬太陽的英國人

然而，真正讓琴酒在英國廣為流行的關鍵人物是瑪莉女王的夫婿英王威廉三世。原本是荷蘭國王的威廉三世（William of Orange）本身就是琴酒的愛好者，因為當時英荷聯合王國跟法國之間在打戰，於是威廉三世下令抵制由法國進口葡萄酒與白蘭地。一六八九年他開放使用英格蘭本土穀物製造的烈酒釀酒權，並且只課非常輕微的酒稅，這項立法不但為琴酒量身打造了非常有利的生產環境，甚至造成了當時在英國琴酒比啤酒便宜的情況。

也由於不用酒牌就可私自生產琴酒，十八世紀時英國充斥著品質低劣的私釀琴酒。而這些垂手可得的廉價劣質琴酒引發出人民沉溺於酒精之中而荒廢工作的社會問題。一七五一年，英國著名的諷刺畫家——威廉．賀加斯（William Hogarth）畫了一幅名為《啤酒街》與《琴酒小巷》的諷刺畫來突顯這個問題。

《啤酒街》展現了一個快樂的城市，居民都在飲用「好」的酒——英國啤酒，人們健康、快樂和充滿生氣。

《琴酒小巷》裡的人們瘦脊、懶惰並頹廢放縱，到處搶酒喝，酗酒的母親把嬰兒摔到在地也渾然不覺。

這時，再也無法坐視不管的英國政府終於在同年頒布了 Gin Act 1751 來嚴格規範琴酒的生產及販賣執照。

時至今日，倫敦乾琴酒（London Dry Gin）是琴酒銷售的主流。然而並不是只有在倫敦生產的琴酒才可以稱為 London Dry Gin，基本上只要遵循下列方法生產出來的琴酒就可稱為 London Dry Gin。通常是使用穀物、甘蔗或糖蜜為原料製造出來的高度蒸餾白酒作為基酒，加入杜松子的果實，胡荽子、橙皮、香鳶尾根、黑醋栗樹皮等多樣化的植物香料配方一起再蒸餾的琴酒就可稱作倫敦乾琴酒，至於詳細的植物香料配方，則是各酒廠的商業機密或祖傳秘方，鮮少會讓外人知道的，而這些不同的配方也是造成各家琴酒口味不一的主要因素。

這兩年來琴酒風潮席捲英國，之前以伏特加為雞尾酒市場主流的情況一夕變天，英國年輕人又開始喝起琴酒，這波琴酒的逆襲是許多酒類專家始料未及的。不同於需要陳年的威士忌和干邑，琴酒蒸餾完成後就可以裝瓶販售，屬於比較容易生產的酒類。因此，英國市場上的琴酒品牌如雨後春筍般冒出搶奪市場，有許多精釀琴酒（Craft Gin）上市，各廠商無不在自家的植物香料上下足功夫，也在包裝上花盡心思吸引消費者注意。

無色的琴酒調出來的琴湯尼也是透明的，放上切片檸檬就算完成裝飾。琴酒商為了不要讓消費者在味覺跟視覺上無聊，近來推出許多調味琴酒（Flavoured Gin），例如草莓口味的粉紅琴酒（Pink Gin），黑莓口味的紫紅琴酒（Purple Gin），這些顏色繽紛的琴酒加上簡單的通寧水（Tonic Water），豪華版可以用義大利的氣泡酒（Prosecco）取代通寧水，記得要選不甜的氣泡酒，再用些自家花園隨手可摘的香草花卉點綴，在家也可以輕鬆做出賞心悅目的調酒宴客。

正統琴湯尼（Gin& Tonic）中通常 Gin 跟 Tonic 的比例是 1：2，因此琴湯尼到底好不好喝，通寧水（Tonic Water）佔了很重要的角色。夏天來臨時，英國的報章雜誌就會紛紛推出「The Top 10 Tonics」之類的文章教大家如何選擇適合自己的通寧水。除了英式 Pub 裡最常見的 Schweppes 外，最近幾年人氣很夯的牌子是苦味比較分明的 Fever Tree。他們的通寧水也分為檸檬（Lemon Tonic）、地中海（Mediterranean Tonic）、果香（Aromatic Tonic）、接骨木花（Elderflower Tonic）等不同口味來搭配不同類型的琴酒。官網上有個對照表讓大家可以輕鬆找出哪個牌子的琴酒應該搭配哪個種類的 Fever Tree，我數了數上面的琴酒廠牌竟然有高達七十種之多。

現今百家爭鳴的琴酒市場，讓人不免擔心是泡沫，熱潮消退時想必會有一波淘汰，屆時可能會有很多的廠牌消失或退出市場。這場琴酒崛起風潮裡，最終的大贏家應該會是 Fever Tree。大家爭相做琴酒的同時，通寧水的品牌還是那幾個而已，而 Fever Water 幾年前還算小眾品牌，隨著這波琴酒風潮知名度水漲船高，現在在英國的各大超市隨處可見，高品質的形象已經深入人心，絕對是酒界藍海策略的完美示範。在你喜歡的琴酒品牌尚未消失之前，來杯琴湯尼吧！

調和的藝術

Art of Blending

Whisky 是指用穀物威士忌（Grain Whisky）和麥芽威士忌（Malt Whisky）調和而成的威士忌，全世界的威士忌約有九成都是調和式威士忌。

英國是個將傳統與現代結合得相當完美的國度，在倫敦的街頭有上百年的維多利亞式建築也有玻璃帷幕的現代摩天大樓，英國女王代表著皇室數千年的傳承，而凱特王妃則是最新的時尚指標，在分秒必爭的二十一世紀，倫敦警察還是跟數百年前一樣騎在馬上慢條斯理地四處巡邏，這些看似違和的各種元素，卻兼容並蓄地存在英國社會裡，創造出獨特的英倫魅力。

每世代的英國人都繼承了過去的歷史，而他們也不遺餘力地用更現代的方式來詮釋傳統的種種，當英國人在推廣 British Luxury Brands

時，也善用傳承與現代完美融合時，散發出來的獨特魅力，賦予奢華更深層的意義，無關金錢與物質，英式奢華是大不列顛豐潤的文化底蘊、歷史傳承與高雅尊榮的產品。

在英式奢華品牌裡，蘇格蘭威士忌融合傳統工藝與現代行銷，二零一八年的出口產值高達四十七億英鎊成功出口到一百七十五個國家，平均每一秒就有四十七瓶威士忌出口。威士忌到底源自何時眾說紛紜，唯一可以確定的是在九世紀的史書中明記阿拉伯有著蒸餾的技術，但不是用來做酒是用來提煉藥材的。現今提到威士忌大家最先想到的就是蘇格蘭威士忌（Scotch Whisky），怎麼樣的威士忌才可以稱為蘇格蘭威士忌呢？要 100% 用發芽大麥為原料釀造，置於橡木桶中在蘇格蘭陳年超過三年以上的威士忌才有符合蘇格蘭威士忌協會的法規。

雖然蘇格蘭生產不少優質的單一麥芽威士忌（Single Malt Whisky），但絕大多數蘇格蘭威士忌仍以調合式威士忌（Blended Whisky）的形式銷往全世界，常見的蘇格蘭調和威士忌品牌有皇家禮炮（Royal Saulte）、約翰走路（Johnnie Walker）、百齡罈（Ballantine）、起瓦士（Chivas Regal）等等。調和式威士忌顧名思義是調和來自不同蒸餾廠的穀物威士忌（Grain Whisky）及麥芽威士忌（Malt Whisky）而成。調酒師們（Blenders）巧妙運用精湛靈活的技巧，調配出酒質口感更臻平衡的威士忌。這是門學問高深的技術性工作，首席調酒師（Master Blender）必須具有極為敏銳的嗅覺、味覺、以及豐富的經驗，宛如交響樂團的指揮，指揮不同年份、產地、風味的原酒，合奏出和諧的天賴之音。

威士忌有高達七成以上的風味是在熟成的過程中從橡木桶身上汲取而來的，我們喝的威士忌是味道辛辣的透明原酒與木桶經過數年甚至數十年交流後所產生的美妙成果。因此木桶的製作、材料都大大影響著威士忌的口味。在蘇格蘭最常拿來陳放威士忌的木桶，就是波本桶和雪莉桶，波本桶就是曾經熟成美國波本威士忌的木桶而雪莉桶就是陳放雪莉酒的木桶。

雪莉酒是產自西班牙的葡萄加烈酒，酒精度比一般葡萄酒要高得多，大概從15%至22%，陳年雪莉酒（Amontillado、Oloroso、Palo Cortado）喝起來有點像紹興酒，而陳過雪莉酒的橡木桶能夠給威士忌帶來葡萄乾、堅果、黑巧克力、焦糖等非常誘人的香氣以及厚重的口感。比起波本桶，台灣威士忌愛好者更喜歡雪莉桶是蘇格蘭業界公開的秘密。有些高年份的雪莉桶威士忌顏色很深，有濃郁葡萄乾，梅子蜜餞的味道及沉穩的木質香氣，尾韻有太妃糖味，很多老饕把此類吃桶很重的威士忌稱為重雪莉，非常受到愛好人士的追捧。

雪莉酒在當今英國社會喝的不普遍，在倫敦的西班牙 Tapas 餐廳會有選項多樣的雪莉酒單外，一般餐廳跟 Pub 都不常見。可是雪莉酒從十六到十九世紀在英格蘭可是大受歡迎的酒，與英格蘭的淵源開始是在十六世紀時，不堪被英國伊莉莎白女王一世默許的「合法海盜」搶劫西班牙那些從美洲新大陸載滿黃金，白銀和其他財富在海上緩慢移動的船隻，西班牙菲利普國王下令建造一支大型艦隊準備入侵英格蘭，將伊麗莎白女王從王位上移除，加冕自己成為英格蘭國王。伊麗莎白女王聽說了這項計劃，立刻派出航海跟作戰技術嫻熟的弗朗西斯・德雷克爵士（Sir. Francis Drake）先發制人。

德雷克爵士在一五八七年四月十二日從普利茅斯港（Plymouth）離開英格蘭，四月二十九日抵達西班牙加的斯港（Cadiz），當天下午他大膽地入侵港口，西班牙的陸軍和海軍部隊看到英國軍艦嚇了一跳。不到一天的時間，德雷克爵士掠奪並焚毀了三十七艘西班牙船隻，而英方的人員損傷很小。在這次突襲行動中，德雷克爵士和他的船員偷走了兩千九百桶雪利酒（Sherry）帶回英格蘭獻給伊莉莎白女王。

女王一喝雪莉酒自此愛上，當時的皇親貴族也爭相開始喝雪莉酒。雪利酒開始在英格蘭風靡一時，連英國大文豪莎士比亞也是雪莉酒的忠實愛飲者。在他寫的《亨利四世》裡，約翰・法斯塔夫爵士（Sir John Falstaff）說：「如果我有一千個兒子，我會教導他們做人的首要原則是：摒棄其他那些平淡無味的酒類，愛上雪莉酒。」

至於是誰開始把威士忌放進雪莉酒桶裡陳年歷史上就沒有明確記載，比較合理的推測是古早以前雪莉酒是一桶一桶出口到英國的，空的酒桶不知道要做什麼用，既然蘇格蘭沒有適合做木桶的木材那就拿來裝威士忌吧。曾幾何時雪莉酒不再是英國人的最愛，可是蘇格蘭威士忌業界益發蓬勃每年需要的雪莉桶數量有增無減，知名酒廠不但買下大片森林確保做木桶的木頭來源，還入股雪莉酒廠確保自己可以拿到桶子。沒有人喝雪莉酒沒關係，需要木桶的威士忌廠會把雪莉酒連木桶一起買下來，就這樣西班牙的雪莉酒廠與蘇格蘭的威士忌廠產生了數百年來緊緊相連的關係。

在威士忌業界是這麼說的：「做威士忌是科學，而調和威士忌是藝術。」每瓶威士忌裡不但有各家蒸餾廠不同的穀物威士忌及麥芽威士忌，還有來自美國的波本桶跟西班牙的雪莉桶給酒體帶來的影響，在蘇格蘭調酒師精湛的調和功力下完美結合。比起口感濃烈的單一純麥威士忌，風格柔美的調和式威士忌更適合女生飲用，每位調酒師的名字雖然沒有寫在酒瓶上，但他們的個性都在他調和的威士忌裡嶄露無遺。威士忌或許不會說話，但其實當我們輕輕晃動著酒杯尋著它的香氣時，我們和威士忌的對話就在調酒師的引領之下開始了。

調和的藝術

一加一大於二

Creativity

世界銷售量前三大的單一純麥威士忌品牌格蘭菲迪（Glenfiddich）、格蘭利威（The Glenlivet）、麥卡倫（Macallan）都有非常精采的跨界合作行銷。

奇幻莊園裡的品飲會

英國人做行銷總是創意十足，威士忌搭餐搭甜點不稀奇，還會跨足設計業時尚業，擦撞出許多異想不到的火花與美感，每每讓人驚豔不已。

起瓦士（Chivas Regal）有款盡顯法式氣派與奢華的十八年限量款由高訂大師 Christian Lacroix 設計，銀藍金紅的配色與華麗細膩的花紋就跟他綺麗奢華的高級訂製服一樣吸睛。一九五一年出生在靠近馬賽的小鎮，南法多元化民族的衣著設計和鮮麗色彩的搭配深深影響 Christian Lacroix，也成就了他「調色大師」的美號。原本在 HERMES（愛馬仕）跟 JEAN PATOU（尚巴度）旗下工作的他，一九八八年自立門戶創立同名高級訂製服品牌 Lacroix，與當時流行的極簡主義背道而馳，他的極繁設計風格強調華麗高貴，精緻的手工刺繡蕾絲，亮麗耀眼的繽紛色彩，十足的宮廷風格讓許多時尚名流趨之若鶩。

然而才華洋溢卻不等於財源廣進，這位聞名於世的設計師一生都在藝術與商業之間拉扯。二零零五年 LVMH 將集團內每年虧損高達五百萬歐元的 Lacroix 賣給美國免稅店集團 Falic 後，Lacroix 在 2008 年創下虧損一千萬歐元的高峰後，隔年向巴黎院申請破產、解散了工作室。不願意就這樣放棄的 Christian Lacroix 本人自掏腰包參加了當年的巴黎高級訂製服展，每位走秀的模特兒也只領了象徵性的酬勞來力挺這位大師。

這位師出名門又有深厚文化藝術底子的大師離開時尚舞台後沒有浪費自己的才華，二零一七年芭蕾舞劇〈A Midsummer Night’s Dream〉（仲夏夜之夢）在巴黎巴士底歌劇院（Opera Bastille）上演，Christian Lacroix 設計了其中超過兩百套的華麗戲服。除此之外，他還是成功的策展人，用獨到的藝術審美眼光，靈活運用色彩美學，空間分配原理巧妙地展現出令人震撼的視覺效果。

二零零八年開始推出的麥卡倫攝影大師系列（The Master of Photographer）也是很好的跨界例子，首版請來知名的蘇格蘭攝影師 Rankin 與模特兒未婚妻 Tuuli 跨刀，在麥卡倫酒廠內拍攝一系列非常性感的照片，客人可在網站上選出自己喜

神秘的威士忌調酒

歡的照片做為酒標。值得一提的是，Rankin 用的是拍立得相機，其意念就是不論是需要三十年熟成的麥卡倫或是一秒就可以決定的拍立得，追求的都是極致的永恆。

麥卡倫攝影大師系列第二版由時尚攝影大師－亞伯特．華森（Albert Watson）掌鏡，生於蘇格蘭的他現在旅居紐約，除了拍攝過二百五十幅以上的 Vogue 封面，拍過的名人更是不記其數，同樣有著蘇格蘭血統的 Albert 拍攝出與上任攝影師 Rakin 完全風格迥異的照片。

Albert這次主題是掌握威士忌熟成後口感的橡木桶，他的構想是呈現一對情侶跟著橡木去旅行的浪漫。他們首先在西班牙北方生長強韌橡木的幽美森林中找尋到了原始橡木，然後跟著橡木越過千里綿延的葡萄園到達赫雷斯的傳統造桶廠，橡木經過削片火烤，製成了可以儲酒的橡木桶後運送到遙遠的蘇格蘭，而故事的最後他們在麥卡倫的儲酒窖中發現到了橡木桶。從Albert最後作品中不難見到大師的時尚本質，出現多幅彷彿在時尚雜誌Vogue才會出現的照片。

蒸餾室搖身變成時尚品飲會

另一知名威士忌大廠格蘭利威發表「一九六七首席釀酒師極選五十年」（The Winchester Collection 1967）時與Elle Decoration Best British Designer的傢俱設計師Bethan Gray合作，由Bethan設計酒瓶、酒盒跟佈置全球發表會現場。Bethan的家具設計走的是摩登現代風，強調工匠的手藝，用木頭、皮革、大理石等自然的素材，搭配金屬系的銅來彰顯低調的奢華。她的設計簡單注重細節，有種寧靜沉著感。而她作品裡精細、豐富與濃厚的人文底蘊，讓人聯想到威士忌的工藝。

一九六七首席釀酒師極選五十年全球發佈會地點在格蘭利威蒸餾室裡，兩旁是黃銅製的蒸餾器，背景的落地窗外是潺潺流過的詩貝河（Spey River），中間的走道變成麥穗田，滿是金雀花的燭光餐桌靜置其中，上面罩著一盞盞銅製燈罩，散發出柔和的光束，椅背上鋪著的灰色長羊毛毯增添了些許貴氣。Bethan巧妙地運用製作威士忌不可少的元素；蒸餾器，麥穗與詩貝河水來佈置發表會，餐具瓷盤上的金色線條與黃銅蒸餾器散發出來的光澤相互輝映，透過室內設計師的美感，冰冷工業風的蒸餾室搖身一變成為充滿質感的低調奢華時尚晚宴會場。

與英國皇室甚有淵源的皇家禮炮（Royal Salue）與知名插畫家Kristjina S.

Williams合作推出嶄新包裝。來自冰島，被英國媒體稱為〈精靈女王〉的Kristjina，曾經幫Coldplay設計《The Butterfly Package Live in Buenos Aires》專輯封面，還幫Fortnum & Mason設計櫥窗，她筆下的動物、植物、花卉融合線條豐富的手繪圖案、細膩的維多利亞時期雕刻、五彩繽紛的顏色鮮明生動，這些都與她小時候在冰島看到的那個長年被冰雪覆蓋的白色世界截然不同，她在傳統插畫裡注入大膽的現代美學風格。

「倫敦塔上的皇家動物園」裡戴著皇冠的獅子正俯瞰著他的王國，象徵大英帝國風調雨順的渡鴉停在遠處會大廈的尖塔上，翩翩飛舞的蝴蝶翅膀上是象徵蘇格蘭的格陵紋，稀珍的豔麗鴕鳥驕傲地抬著頭，塔橋橫跨在蘇格蘭的清澈小河上，旁邊的大象用長鼻子捲起了威士忌送入嘴裡，代表女王的天鵝頭上戴著后冠看著滿地的玫瑰花（英格蘭國花）和薊花（蘇格蘭國花）。皇家禮炮用Kristjing這幅插畫製成的精緻紙盒取代了原來的絨布包裝，賦予品牌更年輕的形象。

跨界行銷最大魅力就是透過不同背景的專業人士激盪創意，訴說他／她們眼裡的威士忌故事，透過這樣的方式也讓更多消費者看到威士忌不同的層次與風貌。威士忌不再只是單一化很男性的酒，也可以是很時尚很華麗很細緻，一切端看我們用怎樣的角度去欣賞玩味。

餐盤上的線條讓人想起蘇格蘭綿延的高地

唐頓莊園貴族生活

Downton Abbey

唐頓莊園在 Highclere Castle 拍攝，是一八四二年由卡那封伯爵三世建造，現今伯爵的後代子孫卡那封伯爵八世仍居住在此。

英式莊園裡都會有間書房

二零一零年唐頓莊園在ITV上映後，連續六年，每個冬天禮拜天晚上九點，唐頓莊園片頭曲就飄盪在每戶英國人家裡。大家的心情隨著格蘭森伯爵（Earl of Granthan）家族軼事起起伏伏，記得大表哥馬修（Matthew）出車禍那集是聖誕特別版，視聖誕節為闔家團圓大節日的英國人，心碎的程度簡直跟至親好友猝死不相上下，隔天的報紙紛紛以「不敢相信馬修死於聖誕夜」來大做文章！

唐頓莊園敘述一九一零年代英王喬治五世時期，世襲貴族格蘭森伯爵一家人在唐頓莊園裡的生活點滴。劇中不但刻劃了住在莊園樓上的貴族生活，也描寫了住在莊園地下室的僕人生活。播出後不但在英國本土大受好評，也成功席捲海外市場，超過一百個國家跟ITV買了放映權。劇中那上世紀英國社會的矜持、優雅嚴謹、壓抑的感情、含蓄和隱忍，搭配劇中怡人的英格蘭田園風光，細膩的人物刻畫，精緻的服裝首飾，每每都讓人對英國傳統貴族生活心生憧憬與嚮往。

唐頓莊園全劇在海克利爾城堡（Highclere Castle）[1]拍攝，城堡在離倫敦約一小時火車的漢普郡（Hampshire）。一八四二年由卡那封伯爵三世（3rd Earl of Carnarvon）邀請名建築師查爾斯・貝瑞（Sir Charles Barry）所建，跟查爾斯設計的倫敦國會大廈（The House of Parliament）一樣，屬於典型哥德式建築。城堡在每年復活節跟春夏之間會開放民眾參觀，直到今日，卡那封伯爵八世家族仍住在莊園裡，因此跟其他很多現今無人居住只供參觀的貴族宅邸相比，海克利爾城堡顯得相當有家的感覺。

現實中的唐頓莊園就跟劇中的擺設一模一樣，仿若Lady Mary隨時會從挑高的主廳樓梯上優雅走下，用她高雅的貴族腔英文歡迎你的到訪。很可惜的，海克利爾城堡沒有提供住宿，大家無法當格蘭森伯爵家族晚宴的坐上賓。在劇中飾演Lady Mary的米雪兒・道克瑞（Michelle Dockery）在劇中講得一口道地貴族腔英文，有次上電視被訪問時，轉回她平常的腔調，感覺馬上從貴族變成庶民。

在英國住了很久後才理解，腔調原來在英國文化中佔有極其重要的地位。英國人的腔調可以透露出非常重要的情報——階層，來自沒有階級觀念的台灣，真的是花上很多時間才理解在這個全世界最有「階級意識」的國家裡，什麼是皇室貴族階級、上層階級、中產階級與勞工階級。首先需要釐清的觀念是：階級跟財富、職業沒有關聯。白手起家的富豪可能是勞工階級，例如：大家熟知的百萬富翁歌手愛黛兒（Adele）、足球金童貝克漢都是道地勞工階級腔調；而貴族階級可能只是繼承頭銜但祖產早已所剩無幾。全英國最高級（Posh）的腔調是女王陛下的英文，女王的英文有種上世紀的古典感，凱特王妃從小唸私立學校，本來是上層階級的腔調，嫁入皇室後她的腔調越來越 posh，甚至比威廉王子更有皇室感。

唐頓莊園影集中完整呈現當時貴族階層的生活日常，擁有大量領地的貴族基本上不用工作靠著歲收生活，所以當 Lady Mary 的奶奶知道大表哥 Matthew 是個律師需要工作的時候，非常的吃驚。在當時貴族階層往來的都是同階層的人，喜歡的休閒活動是打獵，仕女也可以參加。打獵完後，當晚會在宅邸裡舉行豪華晚宴，那也是女仕們在服裝上展示較勁的時候，她們會盡心打扮穿上精緻華麗的晚宴服，戴上昂貴的珠寶頭飾。晚餐通常是法國料理，餐桌上的酒也非常講究，都是香檳、波爾多紅葡萄酒以及西班牙雪莉酒這些只有上流社會享用得起的酒品。餐後男仕們喝的是波特酒，餐桌上傳遞波特酒的方向是順時鐘，從主人開始，先替自己右手邊的客人斟酒，然後把酒傳給左手邊的客人，如果輪到你而不巧錯過了也不能要求將酒逆傳回來，因為這樣會讓天下大亂。

很可惜海克利爾城堡不提供住宿，如果想要在貴族莊園住上一宿，體驗愜意貴族鄉間生活，那麼離溫莎城堡（Windsor Castle）不遠的克萊夫登莊園（Cliveden House）是個相當不錯的選擇。和哥德式建築海克利爾城堡類似的是，克萊夫登莊園也是偏文藝復興風的建築風格。因為現今的莊園是一八五一年也是由名建築師查爾斯．貝瑞（Sir Charles Barry）幫桑德蘭公爵二世（2nd Duke of Sutherland）重建的。

大廳的裝潢照公爵要求盡量走義大利風跟建物的外觀一致，於是大家可以看到一個在英國很少見無比繁複的壁爐。餐廳走的是法式宮廷風，牆壁上的壁板都是千里迢迢從巴黎近郊宮殿運來的。外加室外庭園裡隨處可見從義大利運來的大理石雕像，不難想像十九世紀英國貴族們對奢華與精緻的追求及有錢就是任性的生活方式！

克萊夫登莊園在一八九三年被阿斯特子爵（Lord Astor）買下，他的媳婦是鼎鼎有名的 Lady Nancy Astor，大廳牆上掛著一幅她的畫相，回眸的她眼裡閃著一絲聰慧。Nancy 是美國富豪之女後來移居英國，在當時很多美國富豪女兒來英國與家道中落的貴族結婚，用娘家的財富換取夫家的貴族頭銜（有沒有跟唐頓莊園裡的媽媽很像）。說話機智、俏皮的 Nancy 來到英國後在當時上流社會社交圈裡極受歡迎，後來嫁給子爵的兒子，還是英國歷史上第一位女議員。講話犀利的她與也是毒舌派的首相邱吉爾有段有名的對話：

Lady Astor：「首相先生，如果我是您的老婆，我一定會在您的咖啡裡下毒！」

Sir Churchill：「議員夫人，如果我是您的夫君，我一定會毫不猶豫一飲而盡！」

像海克利爾城堡和克萊夫登莊園這樣的貴族居所，都完美保持著當初的裝潢、擺設及傢俱，比起很多保留外觀但將內部裝潢翻新的莊園，更有著撲面而來的真實貴族氣息，也更容易想像當時無處不講究的貴族生活。這樣的莊園在英國很多，之前在法國鄉間住過幾間也是貴族宅邸改建成的飯店，有點失望，建築是很富麗堂皇但裡面完全沒有原貴族世家的物品，總覺得少了靈魂。從歷史軌跡來看，十八世紀法國大革命將所有貴族階級剷除資產充公，自然什麼也沒留下，很是可惜。好在保守傳統的英國實行君主立憲制，完整保留皇室與貴族階層，現今在英國鄉間還有許多屬於這些貴族的莊園，如果想一窺貴族生活，真的很值得去拜訪。

1 唐頓莊園 Highclere Castle (https://www.highclerecastle.co.uk/)

天光雲影——康沃爾

Cornwall

將牛肉、馬鈴薯、洋蔥、蕪菁等餡料裹在厚實的酥皮裡，包成“D”形再將外緣像包水餃那樣打折後放入烤箱烘烤，就是遠近馳名的康沃爾餡派（Cornish Pasty）。

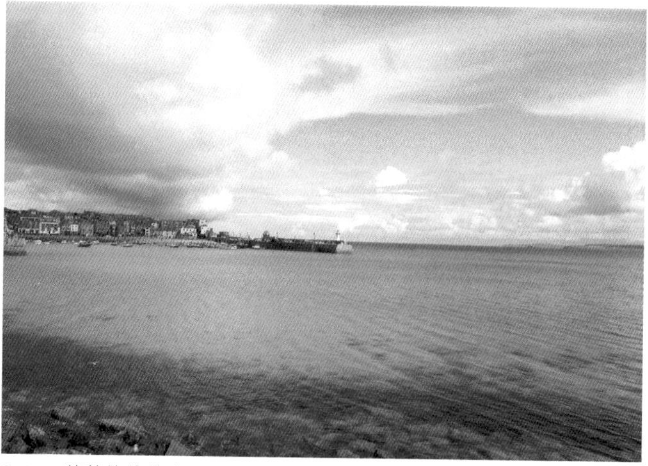

St Ives 藍藍綠綠的海深深淺淺不急不徐

英國是鐵路和火車的故鄉，工業革命後英國建造起綿密的鐵路運輸系統，幾乎每個大城小鎮坐火車都可以到達。英國人喜歡坐火車旅行，穿梭在綿延的田野間，越過鬱鬱蔥蔥的山谷，橫跨蜿蜒曲折的海岸，從火車上往窗外望去常常美的像幅畫。

英國有幾條著名的火車觀光路線，沿途風景如詩如畫，其中從倫敦帕丁頓火車站前往康沃爾（Cornwall）的濱海線，全程大約五小時，橫跨德文郡（Devon）到終點康沃爾郡。沿途會經過起伏的高原、絕美的海景、怡人的海灘跟數不清的鄉間幽徑。火車在經過特穆爾高原（Dartmoor），進入康沃爾前路過海濱小城 Dawlish 時，鐵軌就在海崖邊，讓人有種火車行駛在海上的錯覺，眼前的海近在咫尺好像往窗外一躍就可以跳入海中。

康沃爾位於英格蘭最西南端，是深受英國人喜愛的旅遊勝地，有綿延不斷的金色沙灘，有海邊懸崖的露天劇場，湛藍淺綠的海灣和安靜樸實的小鎮。其中最有靈氣的小鎮非 St Ives 莫屬，被 Trip Advisor 評選為全歐十大最佳沙灘的 St Ives

有種與世隔絕脫俗的美。從 St Erth 到 St Ives 的小火車支線建造於一八七七年，車程非常短只有十三分鐘，上車後記得坐在右側才能從火車上居高臨下看著藍綠交疊的海，見到這般美到不真實的景色，車上的乘客們紛紛禁不住發出讚嘆之聲。

面臨大西洋塞爾特海灣（Celtic Sea）的 St Ives 跟其他濱海小鎮最大的不同是她濃濃的藝術氣息，獨特的光線與海景從十九世紀鐵路建好後，就開始吸引全世界的藝術家來此尋求靈感與創作，深深被此吸引的藝術家們還成立 St Ives School 藝術流派。復古的白牆建築與狹窄的石板小路交錯的小鎮上有許多畫廊散落其中，鼎鼎有名的泰德美術館（Tate Modern）在這也有分館，裡面展示著從十九世紀末期到二十世紀前期與 St Ives 有關的英國及歐洲藝術家作品。

St Ives 那隨著光線分分秒秒顏色都在變化的海與停泊在港口的小船，讓我想起英國浪漫主義畫家威廉・透納（William Turner）的名畫《被拖去解體的戰艦無畏號》（The Fighting Temeraire），透納擅長捕捉瞬間消逝的光影與色彩，而塞爾特海面上千變萬化的光、色、影正是St Ives獨特的魅力所在。這裡的海，不是張揚的湛藍色，而是有底蘊的藍綠色，深深淺淺不疾不徐，彷若灑在身上的秋陽，不慍不火溫暖寧靜。

除了美景外，康沃爾憑藉得天獨厚的氣候條件與地理優勢，生產很多具有地方特色的美食。靠海的地方海鮮好吃不稀奇，康沃爾郡草質豐美適合牧牛，這裡的牛肉沒有騷味，相關的乳製品也相當出名，例如：吃司康（scone）時必抹的濃縮奶油（clotted cream）跟冰淇淋。在英國，下午茶（Afternoon Tea）種類很多，一般說的英式下午茶是指全套下午茶，由三層托盤的甜點三明治搭配各種不同種類的茶。在英國鄉村更常看到的是簡式下午茶，稱為奶油茶（Cream Tea），只有司康和茶。

司康要塗滿濃縮奶油和果醬才吃，至於先塗奶油還是先塗果醬，康沃爾郡和隔壁的德文郡為此爭論數百年。德文郡堅持正確吃法是先抹奶油再抹果醬，而康沃爾郡是反過來的，在對切的司康上先抹上果醬再抹上奶油。說真的，我吃不出來先抹奶油跟先抹果醬的差別，但康沃爾濃縮奶油的香滑柔順真的讓人一吃就愛上。

康沃爾濃縮奶油最特別之處是柔軟順滑的質地，奶香濃郁卻不油不膩。它的製作方法非常簡單，隔水加熱全脂牛奶（但不能讓其沸騰）再冷藏即可，如此簡單的做法，對牛奶新鮮程度的要求自然也高得驚人。康沃爾牛奶製成的冰淇淋「Cornish Ice cream」是英國冰淇淋界裡的王者，只要掛上這個正字標籤，英國人直接跟「香純濃郁」畫上等號。

康沃爾也產蘋果酒（Cider），喝起來類似水果啤酒，口味偏甜，果味濃，酒精在 2%~8%之間。被稱為蘋果酒是因為主要由蘋果釀造而成，傳統產區在英國南部和法國西北諾曼地，這些不適宜種植葡萄但適合種植蘋果的地方。康沃爾的氣候環境，給蘋果的生長提供了得天獨厚的優勢，在這裡有大面積的蘋果園，當地許多蘋果酒莊都是摘採自家莊園內的蘋果切塊榨汁後，釀成蘋果酒。晚餐前，坐在 St Ives 古老的 Pub 外，吹著海風喝杯 Cider 望著夕陽西下，之後去好吃的餐館吃上一頓，真的是再享受不過。

康沃爾郡大概是全英國最以自己鄉里為榮的郡，在 St Ives 的餐館都會標榜自己的食材，從海鮮、肉類到蔬菜都是當郡食材。不僅如此，酒單上的啤酒、Cider 也都是以康沃爾產為主。牛奶、奶油、起司等乳製品當然也是當地產，連蘋果汁都是當地小農家的。不得不說這些當地產的新鮮食材跟調料，讓 St Ives 變成英國這美食沙漠國家裡的綠洲，這裡沒有米其林的高檔餐廳，卻有很多樸實味美的小餐館。

在 St Ives 的街道上常看到觀光客單手拿著康沃爾餡派（Cornish Pasty）邊逛邊吃，將牛肉、馬鈴薯、洋蔥、蕪菁等餡料裹在厚實的酥皮裡，包成“D”形再將外緣像包水餃那樣打折後放入烤箱烘烤，就是正宗的康沃爾餡派。康沃爾以前是英國的大煤礦區，餡派原本是給挖煤礦的工人吃的，由於他們工作時雙手汙黑，這樣的設計方便他們用手抓著打折的外緣把裡面的餡料吃完後扔掉。如今康沃爾餡派在全英國都買得到，St Ives 有很多傳統英式糕餅店，各家有不同的內餡獨門配方，吃起來跟在倫敦連鎖店賣的完全不同。

在港邊的小山坡上，有間小小的咖啡店 Mount Zion[1]，裡面只有張大桌子，咖啡不外賣，客人點了咖啡後就各自坐在大桌旁邊喝邊聊。這小咖啡店是個年輕人麥可開的，在倫敦當過六年警察的他說：在倫敦當警察真的太辛苦了，成天不是看家暴、毒品就是幫派鬥毆，還得擔心恐怖份子自殺炸彈攻擊。後來我決定回到家鄉 St Ives 開這間小咖啡館，天天看著這片海，多寧靜舒服。他店裡的招牌飲料是香蕉咖啡，把濃縮咖啡、燕麥牛奶、香蕉和冰塊打碎，讓香蕉的甜平衡咖啡的苦，喝起來像咖啡奶昔不過是健康版，實在太特別好喝了。我問他：明天店也開嗎？我想再來喝呢！他笑著遞給我張名片說：不一定喔，如果天氣好我就去衝浪，妳來之前跟我確認比較保險。

麥可的隨興自在就跟 St Ives 毫不嬌柔造做的美一樣，不會為了討好世俗而改變自己。就要離開回去倫敦的我，只好下次回來時再來喝香蕉咖啡，也希望那天麥可的店有開。

1 咖啡店 Mount Zion 地址：https://www.mountzioncoffee.co.uk/

英國皇家賽馬會

Royal Ascot

每年六月下旬舉行的皇家賽馬會 Royal Ascot，是與英國皇室成員近距離接觸的最佳場所。

英國的六月，有著怎麼曬在身上也不會炙熱的陽光，天空很藍很藍，白色的雲朵低到好像縱身一躍就可以踩上去似的，待在室外總是讓人覺得心曠神怡，這是大家最喜歡從事戶外活動的時節。每年六月中旬，英國皇家賽馬會（Royal Ascot）也會隆重登場，不但是英國上流社交圈裡的年度盛事也是名媛貴婦爭奇鬥艷比誰帽子更浮誇的時尚舞台，不但英國國內瘋狂，國際媒體也是爭相報導。

皇家賽馬會[1]起源於一七一一年，當時統治英格蘭短短幾年的安妮女王（Queen Anne）很喜歡賽馬，常在溫莎城堡（Windsor

Castle）附近的小鎮愛斯科（Ascot）舉辦賽事，皇室賽馬的這項傳統就這麼延續下來，成為每年六月舉辦的皇家賽馬會。除了安妮女王外，現今的女王伊莉莎白二世對馬的熱愛眾所皆知，四歲就馳騁在馬背上的她，到了九十歲高齡還被拍到騎著馬悠閒地在自家城堡裡閒逛。

伊莉莎白女王倒底有多愛馬呢？在一九九一年艾普森德比賽馬會上（Epsom Derby，雖然在國際上沒有皇家賽馬會有名，也是英國歷史非常悠久的賽馬會），本來在皇家包廂看著電視螢幕的女王發現她的馬 Generous 開始領先後，興奮到從皇家包廂奔到陽台拿著望遠鏡看最後衝刺（要知道女王一向是優雅地坐著、站著或緩步走著，奔跑的女王是大家沒見過的），當時六十五歲的女王像小女孩般雀躍地跟身旁的皇太后說：「媽媽，那不正是我的馬嗎！」第二年 BBC 播放這段紀錄片時，女王流露出來的真性情把全英國人民的心都融化了。

二零一二年伊莉莎白女王登基六十周年鑽禧紀念（Diamond Jubilee），那年的皇家賽馬會是一連串的慶祝活動之一，我和 P 早早買了票要去看賽馬。在賽程中間我們去小圈場看準備出賽的馬繞場，人聲鼎沸的馬場在我九點鐘方向的人群突然安靜下來，每個人都拿出手機狂拍，我正納悶發生什麼事了？就看到女王和菲利浦親王慢慢地走到圈場中央認真地看著這些馬，女王陛下真的天生自帶光芒，好像一顆恆星，身邊的人繞著她轉，簡直不敢相信英國女王就在離我二十步遠的地方！P 說他以前在皇家賽馬會上也看過黛安娜王妃，原來想見到英國皇室的最佳場所其實是皇家賽馬會。

參加皇家賽馬會除了（運氣好時）可以看到皇室成員外，去的時候一定要也試試手氣，感受一下自己壓注的那匹馬最後衝刺到終點線時那種心跳急遽加速的感覺。賭馬之前要買當天的賽馬報，裡面會有當天的比賽場次，預定參賽的馬匹以及騎手的資料，最重要的是有每匹馬之前的參賽成績，這些都是非常重要的參考基準，沒有賽馬報裡提供的這些重要訊息，就無法做出預測然後下注。除此之外，當天賽道上草皮狀態及土壤的軟硬度，也會影響馬跑的速度。然而賽馬最大的變數就是當天那匹馬到底想不想跑，很多時候賽前根據數據分析出來最有希望奪冠的馬就是因為當天狀況不佳最後成績很差。

每場比賽中間的休息時間都非常長，一來是方便大家去買酒喝，二來想賭馬的人可以到賽場旁的小圈場去觀看準備出賽的馬匹和騎手繞場，順便看看他們當天的狀態如何。通常過往贏率高而且現場狀態很好的馬自然是最可能贏的，所以他們的賠率是比較低的。反過來說，那些看起來不怎麼可能贏的馬賠率自然很高，因為它們贏的概率很小。

賽馬場邊有整排的投注站讓大家下注，所有馬匹的賠率不但是當場決定，而且會不斷地變。賠率除了會根據投注情況及時調整外，也會根據旁邊投注站的賠率而改變。舉例來說，如果甲投注站對某匹馬的賠率比較高，那麼有意押這匹馬的人自然都會選擇甲投注站下注，其他的投注站就損失了客戶，他們馬上會在賠率上調整。而讓所有投注站排成一排就是要讓他們看不見彼此的賠率變化，但賭客可以一目了然，選擇對自己最有利的投注站下注。不過通常投注站都會安置眼線在人群中，觀察其他投注站的賠率並以手勢告訴其服務的投注站。

雖然說現在英國到處都可以刷卡，賽馬場裡的投注站數百年來只收現金，下注後會拿到一張印有賠率的紙，每場跑完結果出爐後，贏家就可以拿著這張紙去下注的投注站領錢，領到白花花的鈔票時非常有贏錢的真實感，也難怪投注站不想跟隨現代化用塑膠錢交易。

皇家賽馬會的時候英國人喝什麼呢？當然是香檳。法國產的香檳大概有近一半在國內被喝掉，剩下出口的那一半最大買家就是英國。隔著英吉利海峽的英國人除了愛買愛喝香檳外，還促成乾型香檳（Brut Champagne）的誕生。十九世紀時法國產的香檳都是甜的，倫敦酒商伯爾內斯（Burnes）心想當時英國上流社會的飯後甜酒種類太多，有香檳、波特酒、甜雪莉酒跟馬德拉酒，若是可以把香檳的甜度降低做成比較乾（Dry）的口感，那就可以來當佐餐酒，不用跟這麼多甜酒競爭說不定市場會更大。

於是，伯爾內斯要求法國香檳酒廠皮耶爵花香檳（Perrier-Jouet）做不甜的香檳給他，花香檳當時剛好在做一八四六年的年份香檳，就做了一小批次無糖香檳賣到英國，結果英國市場反應不佳，沒有人喜歡這種不甜的香檳。雖然這個新嘗試沒成功，卻給法國香檳酒廠新的想法，到了一八七四年的年份香檳發表時幾乎所有的香檳酒廠都加入乾型（Brut）口味的香檳，漸漸地市場對這種口感的香檳接受度也越來越高，變成今日全球最受歡迎的香檳類型。

雖然六月的英國皇家賽馬會在國際上知名度最高，但其實從三月底到八月底都是無障礙賽馬季（Flat Race），此時在英國各地有許多大大小小全民參與的賽馬會。而跑馬跳過欄杆的障礙賽馬季（Jumps Race）則多是在冬天舉行，英國最豪華時尚的賽馬會都是無障礙賽馬（包括皇家賽馬會），除了歷史傳承外還有個現實的因素，跳欄杆的馬匹比較容易受傷，所有超級名貴的跑馬都被訓練來跑像我們跑百米的短程無障礙賽。如果要體驗英國正統的賽馬文化，無障礙賽馬的皇家賽馬會（Royal Ascot）跟艾普森德比賽馬會（Epsom Derby）應該是首選。

1 英國皇家賽馬會（https://www.ascot.co.uk/）

蘇活區的口袋名單

Soho Bars

到 Bar Swift 必點 Irish Coffee，到 Bar Termini 必點 Negroni

在蘇活區（Soho）的老康普敦街（Old Compton Street）上，有兩間我放在口袋裡的秘密酒吧。

Swift 是由夫妻檔 Bobby Hiddleston 跟 Mia Johansson 經營，這對在倫敦調酒業界無人不知無人不曉的夫妻相識於蘇活區的 Milk & Honey 酒吧，不論是 Bobby 或是 Mia 都是年紀很輕時就已經被業界注意到的閃亮之星。他們之後各自在倫敦很有名氣的酒吧（Mark's Bar at HIX, Callooh Callay）調酒。移居美國紐約後在極富盛名的 Dead Rabbit 工作，二零一六年搬回倫敦時萌生了自己開店的想法，已經在倫敦投資兩家非常成功酒吧（Nightjar 跟 Oriole）的另一對夫妻檔 Edmund Weil 與 Rosie Stimpson 立刻表明合作的意願，有這四人夢幻團隊的 Swift 還沒開幕就已經眾所期待。

由於 Bobby 與 Mia 相識在 Soho，比起現在開酒吧最夯的地點——東倫敦的 Shoreditch，兩人對 Soho 更有感情。當時位於 Old Compton Street 的傳奇酒吧 LAB 歇業後，舊址空了出來，兩人立馬選定這個地點打造自己心中的酒吧——Swift。

Swift 共有兩層，一樓是不需要預約可以隨意走進去喝一杯的酒吧。這個想法源自於倫敦很多人在等朋友的時候，可能就先在街角的 pub 邊等邊喝杯啤酒或是葡萄酒（英國 pub 不提供調酒）。如果有間氣氛輕鬆愉快的雞尾酒吧，何不邊等邊來杯調酒呢？這層樓最有名的調酒是用檸檬草琴酒、義大利果渣白蘭地（Grappa）、薄荷跟苦艾酒調出來的 Sgroppino，最後放上檸檬雪酪，口感不但極為清爽，甜味及酸味也恰到好處。

比起一樓大概只有十種左右的雞尾酒單，地下室的雞尾酒單多達二十種之外，還有非常齊全的威士忌酒單，這在倫敦的調酒吧很稀有，或許因為Bobby本身是蘇格蘭人對威士忌有著特殊情懷吧。地下室的裝潢是Art Deco風格，但不是那種費盡全力裝出來的高雅，而是不費吹灰之力就把大家帶回二零年代繁華的紐約曼哈頓。

第一次和P造訪Swift時剛開沒多久，很幸運地Mia當時也在店裡，跟P是舊試的她馬上過來寒暄聊天。Mia是位高大金髮有著親和笑容的女生，英文有著濃濃美國腔，一直以為她是美國人直到她說：「歐！剛開始從瑞典搬來倫敦的時候，真的很不容易，但後來就愛上這裡⋯」。

她說近幾年倫敦調酒界強調的是創意，很多以前根本不可能用來調酒的食材都在酒譜中出現，然而Swift要走的風格則是回歸經典。Mia說：「我是相信基本功的人，調酒師若是無法連續做出五杯味道一模一樣的瑪格麗特，還做什麼花式調酒呢！」。酒單上所有的調酒都是 Mia 自創，問她哪來的這麼多靈感？她眨眨眼說：「或許因為我是女生吧！我想酒譜的時候是照著食材的顏色去想的，這是我跟其它調酒師很不一樣的地方。」

雖然酒單上有多達二十種調酒，而且還定期更新，但有款調酒絕對不會消失就是愛爾蘭咖啡（Irish Coffee）。誠如 Mia 所說，要把經典調酒做到經典才是真功夫！用同條街上阿爾及利亞咖啡店（Algerian Coffee Store）賣的哥倫比亞咖啡豆加上愛爾蘭威士忌 Jameson Caskmates，純手工打的奶油與肉荳蔻，Swift 的愛爾蘭咖啡甜又不過甜，熱又不太熱，濃郁又不苦澀，酒香又不嗆喉，與那如絲綢般柔順奢華的奶油搭配的天衣無縫。與其他調酒最大的不同是「冷熱對比」，Swift 的愛爾蘭咖啡上來的時候，咖啡是熱的奶油是冷的，喝的時候可以明顯感覺到兩者之間溫度的差異，卻完全不衝突而且相當平衡。

Swfit 對街的 Bar Termini[2] 是倫敦調酒業界達人 Tony Conigliaro 的酒吧，Tony

是義大利裔英國人，也許是因為義大利血統的關係，Tony 的酒吧有著濃濃的義大利元素。Bar Termini 取名自羅馬繁忙的 Termini 火車站，不僅名字一樣，酒吧裡也有車站那種摩肩擦踵的繁忙感，極小的空間裡只有六張桌子，不過別擔心，通常他們會試圖把你擠進這小酒吧裡，所以要有心理準備可能會跟旁邊的陌生人並肩喝酒。然而，在這個小空間裡或許是因為酒精的催情作用，倫敦客們全都放下平時的冰冷，即便不認識身旁的客人也會相視一笑

與其他酒吧很不一樣的是 Bar Termini 早上十點就開門賣咖啡，別忘記 Tony 的義大利血統，這裡的咖啡很銷魂，調酒師不但要學調酒也得去咖啡學校學習咖啡的藝術。這裡最經典的調酒是有著義大利血統的 Negroni，據說這款調酒源自一九一九年翡冷翠（Florence）的 Cafe Casoni，當時卡米洛．內格羅尼伯爵（Count Camillo Negroni）要求調酒師 Fosco Scarselli 在他最喜歡的雞尾酒 Americano 加入英國很流行的琴酒而不是普通的蘇打水，Fosco 自己擺上橘色柳橙片做裝飾與 Americano 裡的檸檬片做區隔，爾後這杯新調酒就以內格羅尼伯爵（Negroni）

的名字命名。

Bar Termini 的 Negroni 最特別之處是它是預調好的調酒，Tony 的團隊在東倫敦哈克尼（Hackney）的實驗室裡用真空製法將調酒預先做好裝在酒瓶內，除了經典款（Classico）外還有加強版（Robusto）、玫瑰花版（Rosato）跟紅胡椒粉版（Superiore）。瓶身的酒標是將 Bar Termini 的靈感與 Negroni 的起源結合描繪出來的復古義大利景色。當你在 Bar Termini 點 Negroni 時，調酒師不需要再調，只需將酒倒出來，而它們的味道就跟 Bar Termini 的咖啡一樣，沒有過度的裝飾，是簡單不做作的單純美好。

倫敦的好酒吧不計其數，而 Swift 與 Bar Termini 被我放入口袋的原因很簡單，除了酒吧的氛圍很好之外，將簡單的經典調酒做到完美的理念是我非常認同的，不論是 Sgroppino、Irish Coffee 還是 Negroni 都是在雞尾酒吧裡很容易喝到的調酒。可是，能將這些“簡單的”調酒做到讓人再三回味的酒吧少之又少，除了這些經典調酒外，Swift 與 Bar Termini 運用創意的調酒酒單也絲毫不遜色。在各行各業都在講求創新的二十一世紀，將複雜花俏的東西做到讓人眼花撩亂不難，將簡單的東西做到精緻不無聊則需要很深的底蘊，而如果不能先站穩在經典之上，我們又如何能創新呢？

---

1 Bar Swift　http://www.barswift.com/

2 Bar Termini　http://bar-termini-soho.com/

塗鴉與自然酒

Shoreditch

造訪Shoreditch知名街頭特色塗鴉(Graffiti)最好的方法是參加有詳細解說的Walk Tour

如果說西倫敦代表傳統經典的倫敦，那東倫敦絕對是自由現代的倫敦。十九世紀時開膛手傑克就在此區犯案的東倫敦讓人聞風喪膽，二十世紀的東倫敦依舊聲名狼藉犯罪率居高不下，許多在二戰之後移民英國的印度裔孟加拉裔移民集居在此，也因此紅磚巷（Brick Lane）裡有著數不清的咖哩餐廳，成為今日東倫敦特色之一。之後在英國政府的開發下，二十一世紀的東倫敦Shoreditch[1]結合當地原本就相當多元化的歷史文化背景和現代藝術，改頭換面變成倫敦潮流集散地。

許多特色餐廳跟酒吧不說，Shoreditch 最大的特色是街頭塗鴉（Graffiti）。五彩繽紛大膽挑釁的塗鴉文化在英國是從八零年代開始引人注目的，那時在一些牆壁上、鐵道邊、地鐵牆壁上、火車車體上可以看到表達各種情緒的字樣、口號和圖畫。Shoreditch 的塗鴉藝術家裡，最負盛名的就是 Banksy[2] 這位英國國寶、史上最神秘的藝術家，沒有人知道他長什麼樣子，也沒有人知道他的行蹤，然而他的作品卻在世界各地出現，他最近一次跌破大家眼鏡的反骨行為是在二零一八年倫敦蘇富比的藝術拍賣會上。

當 Banksy 那幅小女孩神情哀戚地望著飛遠的紅色心型氣球的經典之作《女孩和氣球》得到一百萬英鎊的喊價，拍賣官落下成交槌那瞬間，人不知道在哪的 Banksy 啟動早已預藏在畫框裡的碎紙機把這幅畫碎成紙條（還好他慈悲心大發只碎了一半，買家不至於拿到一堆碎紙）。事後 Banksy 用畢卡索的名言「破壞的慾望即創造的慾望」[3] 表示希望用此次畫作自毀的行為來表達對藝術拍賣市場的抗議與不滿。弔詭的是被他摧毀的那幅畫作價格不減反增，現在竟然喊價五百萬英鎊。讓人不禁感慨，當市場力量如此之大的時候，逆勢而為的人們真的很難不被吞噬。

Banksy 的作品主題多傳達對種族歧視、恐怖主義、資本主義的不滿，巧妙地運用幽默及諷刺的塗鴉，誘發大眾對背後含義的思考。Shoreditch 還有許多有名街頭塗鴉藝術家的作品：以長手長腳的火柴人著稱的 Stik 在牆上畫下左邊穿著穆斯林罩袍的女子牽著右邊女同伴的《街頭牽手的愛侶》，擅長滴灑顏料於牆面作畫，運用繽紛色彩刻劃人臉的 Jimmy C，四層樓高的巨鳥 Sork 是 ROA 的作品，他擅長用上萬條黑白線條細緻地繪製許多巨型動物，Zabou 筆下的每個人眼神裡都有靈魂，讓人分不出是照相還是畫。擅長特色字母塗鴉的 Ben Eine 留下許多 LOVE 的字樣，提醒大家愛最大。

這些塗鴉藝術家都來自世界各地，他們大多遵照行規使用「藝名」把自由奔放放蕩不羈的藝術創造，毫無保留地展示在 Shoreditch 的紅磚灰牆上，向世人展現自我，吶喊自己的心聲與政治觀點。這麼時髦前衛的 Shoreditch 吸引城市裡的文青和嬉皮聚集，而近來此區最流行的酒是自然酒（Natural Wine）。

自然酒是什麼？酒如其名，就是很”自然“的酒。等等，葡萄酒都是葡萄做的，還不自然嗎？揭開浪漫的面紗，真相往往是殘酷的。為了維持葡萄酒的穩定度，在種植過程中用化學肥料，發酵時不用天然酵母而用人工酵母，釀造過程中加糖，加二氧化硫（sulfites），只要是”合理的範圍“內的添加跟人為干預都是被允許的。連單寧粉（tannin powder），橡木粉（oak powder）都加的酒莊也不在少數，要知道品酒也許是浪漫的藝術，做酒可是不折不扣的科學哪。

當市場上充滿著去年賣得最好的葡萄酒類型，而非在某個葡萄園表現最好的酒款，每家酒莊瞄準消費者荷包競相生產同質性高的葡萄酒時，的確不能讓葡萄酒太自由發展，種種人為控制來維持風格是不得不為，或許這對追求「穩定品質」的消費族群來說這並不是件壞事，但對另一群崇尚自然的消費族群來說這樣的酒未免太人工。

但就像在網路上風行已久的美肌App，修圖過盛的結果是現代美女撞臉度極高，偶有未修圖驚人網美照流出時，大家才驚覺原來她跟她長得如此不一樣。而大家對美女們的真實模樣也益發好奇，當這股”零P圖風“吹到葡萄酒界，自然酒也就流行了起來。

至於自然酒好不好喝？只能說，不是每個人素顏都美（而且大部份都不夠美）。自然酒最有魅力之處也是最腦人之處，隨意讓葡萄生長用”佛學“釀酒的結果是很容易產生有如動物糞便味道的Brett氣味，果香常常被堅果味取代，也常有去光水味出現。最煩人的是自然酒沒有穩定度，每間酒莊同一批次生產出來的酒理應味道要一模一樣，可因為自然酒裝瓶後酵母還是”活“的，會在瓶中持續影響酒的最終口感，所以自然酒家族裡出現性格完全不同的兄弟姊妹才是常態。

而最受傳統葡萄酒人士詬病的是自然酒是沒有法規約束，它的定義及規範極為模糊，一般葡萄酒、有機葡萄酒或生物動力葡萄酒都有標準規範，當消費者在購買的時候看到認證就可以安心，知道瓶裡的葡萄酒是遵循規則種植釀造出來的。但自然酒沒有規範也沒有監管組織，誰都可以說自己的酒是自然酒。基於以上種種負面特質，許多傳統葡萄酒愛好人士大膽預言自然酒風潮應該不會超過幾年。不過對自然酒的愛好者而言，這種不受規範約束的自由奔放，這種對大自然尊重的反璞歸真，何嘗不是更令人身心嚮往的浪漫情懷？

曾經跟好友參加自然酒品飲會，裡面有支義大利自然酒酒莊生產的 La Stoppa，根據酒類專家好友的學術評論是，這支酒集合各種傳統定義上的缺陷風味牛糞、去光水、焦糖、醋酸於一身。可是對葡萄酒的教條規定一無所知的我，卻喜歡極了這些風味恰到好處的高度平衡，後來好友跟我說這支相當非主流的酒可是目前 Shoreditch 最流行的文青嬉皮葡萄酒。

可不是嗎？Shoreditch 街頭塗鴉的獨樹一幟、充滿原創、叛逆、活力的精神跟反骨性格不也就是自然酒的精神嗎？我想只要 Shoreditch 存在著一天，自然酒的未來也無需太擔憂才是。

---

1 東倫敦 Shoreditch 區塗鴉 Walk Tour
https://strawberrytours.com/london/tours/free-street-art-graffiti-tour

2 Banksy https://www.banksy.co.uk/

3 The urge to destroy is also a creative urge

女王與黛安娜

Queen & Diana

說起戴安娜王妃，鐵定要用英國香檳來形容她，英倫玫瑰的短暫人生就像香檳的氣泡般，美好夢幻卻稍縱即逝。她是上世紀最美麗的童話故事，也是最哀傷的愛情悲劇。

要說起英國女王伊莉莎白二世，那她鐵定是酒中之王的波爾多紅酒，厚實穩重有著傳奇般的崇高地位⋯

伊麗莎白本來不用當女王的⋯皇位是傳給她伯父愛德華八世，就是那位"不愛江山愛美人"的國王，可執政三百二十五天他便退位了。表面上是因為皇室不允許他娶離過婚的美國名媛辛普森夫人，最後他選擇了愛情放棄了王位，成了最浪漫的國王。然而，實際上是因為英國政府一直懷疑辛普森夫人把重要情報洩漏給德國，首相鮑德溫以內閣總辭威脅，迫使愛德華八世遜位。

愛德華八世的弟弟——喬治六世（也就是女王的爸爸）在毫無準備的情況下，接下了王位（二零一零年的電影「王者之聲 The King's Speech」，講述的就是女王爸爸的故事）。在二戰砲火下，喬治六世格外勤奮且有責任感，不但拒絕首相的建議離開倫敦移遷到鄉間別墅避難，更前往前線慰問軍隊。十九歲的伊麗莎白公主也說服父親，允許她加入後方防衛支援部隊服役。

如今六十七個年頭過去，伊莉莎白從二十五歲的少女變成了九十三歲的奶奶。超過一甲子的端正品行、勤勉履責，經歷過二次世界大戰、能源危機、政治動盪，女王始終是英國人民景仰的對象。

日前在 BBC 的紀錄片中，女王開玩笑說她的王冠很重，不能低頭會掉。如果大家知道女王每天的工作量，就知道她這句話其實是真的。除了每天要處裡上百封的民眾來信、公務文件、政策文件，主持正式會面、國宴、授權或者任職儀式，每年還要出席上百場的慈善活動。還有每周三跟首相的單獨會面，每天閱讀英國議會的進程會報跟樞密院官員的會議。

這麼精實的工作要做六十七個年頭，不能懈怠也不能換工作。難怪女王的孜孜不倦讓無論支持君主制與否的英國人民，皆給予非常高的評價，也得到來自人民真心的愛戴與尊敬！

要說起威爾斯王妃戴安娜，那她鐵定是英國香檳，英倫玫瑰的短暫人生就像香檳的氣泡般美好夢幻卻稍縱即逝…她是上世紀最美麗的童話故事也是最哀傷的愛情故事…

一九八一年七月二十九日，斯賓塞（Spencer）子爵家的最小女兒戴安娜，在倫敦聖保羅大教堂（St Paul's Cathedral）嫁給王儲查爾斯親王（Prince Charles），成為了王妃，全球有超過七億人透過電視觀看這場王子公主的世紀婚禮。

婚禮前夕，戴安娜和查爾斯接受媒體訪問，記者問到：你們彼此相愛嗎？當時才十九歲的戴安娜，抬頭看著大她十三歲的王儲，眼裡盡是崇拜，嬌羞地答道：「當然。」查爾斯則是跟記者說：「那要看你對愛的定義是什麼…」幾年後，戴安娜懂了當時查爾斯怎麼會這樣回答…

婚後蜜月期過完，戴安娜與查爾斯的摩擦與隔閡越來越多。兩人個性南轅北轍之外興趣也截然不同。戴安娜活潑外向喜歡人群，查爾斯則喜歡安靜沉思；查爾斯愛聽歌劇，戴安娜則迷戀芭蕾；查爾斯最痛恨的流行樂是戴安娜的最愛；查爾斯愛騎馬，戴安娜小時候從馬上摔下來後就有恐馬症…

然而，最讓戴安娜崩潰的是，查爾斯一直深愛著皇室不讓娶進門的前女友——卡蜜拉，而且兩個人還藕斷絲連。外貌、氣質、家世都不如自己的卡蜜拉卻與查爾斯有著許多共同的興趣和嗜好。在 BBC 的一次訪談中，戴安娜直言自己的婚姻中有三個人，太擠了…

每次出現在鎂光燈前，總是亮麗耀眼的戴安娜其實深受厭食症及憂鬱症之苦。在婚姻裡傷心欲絕的她，還有另一個很大的不快樂是來自深宮般的皇室生活，她覺得自己是孤單的、無助的、不被理解的…於是，戴安娜開始有情人，但在她眾多任的情人裡，似乎沒有人比得上查爾斯在她心裡的地位…

一九九六年真性情的戴安娜最終選擇離開不愛自己的丈夫，成了英國皇室裡第一位離婚的王妃。然而，命運捉弄人，就在她離婚的隔年，與當時的情人多迪法耶死於巴黎一場舉世震驚的車禍中！她留給後世對她最深的思念就是兩位王子…

英國皇室成就了戴安娜，但對她的毀滅也負有責任，沒有戴安娜的英國皇室不會如今日般的現代化。可當年那場王子與公主的婚禮，卻注定了戴安娜爾後的悲劇人生…

最美公主瑪格麗特

Princess Margaret

Princess Margaret 1930 年 8 月 21 號誕生於蘇格蘭的 Glamis Castle，是英國皇室三百年來唯一在蘇格蘭出生的成員。喜歡昂貴設計師品牌的瑪格麗特，對威士忌的選擇卻是超乎想像的平民。

英國伊莉莎白女王有位妹妹，名叫瑪格麗特。

生於一九三零年的瑪格麗特公主，比姐姐伊莉莎白小四歲，是英王喬治六世的小女兒。在瑪格麗特六歲，伊莉莎白十歲那年，她們那位「不愛江山愛美女」的溫莎公爵愛德華伯父宣布退位，父親硬著頭皮接過王位。從此，姐姐伊莉莎白被當作王位繼承人培養，妹妹瑪格麗特註定這輩子都生活在姊姊的王冠光芒下。

當父親過世後，年僅二十五歲的伊莉莎白

繼承王位成了女王，擔起為國家為人民服務的義務，益發嚴謹自持。身為妹妹的瑪格麗特肩膀上的責任相對輕很多，活潑外向的她常常出現在時尚秀場、高級舞會上。兩姐妹中瑪格麗特更加漂亮，明亮的眼眸，燦爛的笑容，高雅不失嫵媚。年輕的伊莉莎白與瑪格麗特有許多合照，瑪格麗特真的很光彩奪目，她的美完全不輸當代最美女明星外，還有自然散發的天生貴氣。

瑪格麗特的時尚品味也是卓冠群芳，總能穿出自己的風格。二十一歲生日宴會時穿著 Dior 的純白蕾絲蓬裙，雙手交叉優雅地坐在桃紅色沙發上的那張照片成為經典。一九五八年，她為 Dior 在英國的布倫海姆宮（Blenheim Palace）主辦冬季系列時裝發表會，由當時還很年輕的 Saint Laurent 擔任監督。而為了紀念瑪格麗特公主對 Dior 的熱愛，Dior 二零一七的早春系列發表會重返布倫海姆宮舉辦，二零一九年在 V&A 博物館的 Dior 設計展也用瑪格麗特的經典照片當宣傳。

喜歡昂貴設計師品牌的瑪格麗特，對威士忌的選擇卻是超乎想像的平民。據說，她最喜歡的是威雀威士忌（Famous Grouse），而且堅持只加來自莫爾文丘陵（Malvern Hill）的山泉水（Malvern Water）。她的隨從說，要是倒錯威士忌給公主，她一喝就知道不是威雀，會要求換掉。公主出國參訪時，絕對會要求下塌的飯店幫她準備好威雀威士忌放在房間。

父親過世後，或許是對父愛的思念，年輕的瑪格麗特不可自拔地愛上年長她十六歲的侍衛官彼得．湯森（Peter Townsend）上校。英姿颯颯的他是二戰英雄，同時也是有婦之夫及兩個孩子的父親。儘管湯森上校之後與妻子離婚，瑪格麗特的這段戀情仍然引起全國驚動。根據當時王室婚姻法，王室成員不得與離過婚的人結婚。為此，瑪格麗特還給當時新上任的首相伊登（Anthony Eden）寫信表明願意放棄自己與後代子孫的王位繼承權換取跟湯森結婚的權利。

瑪格麗特面對愛情的堅決震驚英國朝野，為此英國議會展開長達數個月的辯論，從教會到內閣，從媒體到民眾，人人都認為瑪格麗特的選擇太過離經叛道，有違英國皇室百年傳統。邱吉爾等大臣建議把湯森轉調到國外，讓這對戀人分離也讓時間來消磨公主的意志。

一九五五年，在與被遠調布魯塞爾的湯森分別兩年之後，瑪格麗特公主站在BBC的麥克風前向全國人民發出聲明：「我決定不與彼得・湯森結婚……我意識到自己對英聯邦負有的責任，而這方面的責任高於（人生）其他一切。」至於這兩年間瑪格麗特與湯森之間發生了什麼事，公主的心路歷程都在她和湯森往返的書信裡，瑪格麗特將二人間的書信全部鎖入皇家檔案保管處，吩咐等到二零三零年也是自己誕辰的一百週年，這些信件才能公開給世人知道。

五年後，瑪格麗特公主決定與平民時尚攝影師安東尼・阿姆斯壯瓊斯（Antony Armstrong-Jones）結婚，他當時為公主拍攝的特寫照引起很大的爭議，只佩戴鑽石項鍊和珍珠耳環的瑪格麗特，透過裸露的肩膀看著鏡頭。婚後，安東尼被封為史諾登伯爵（Earl of Snowdon）。他們的關係在婚後沒多久就開始有裂痕，史諾登伯爵不願意放棄自己喜愛的攝影工作，一同與瑪格麗特到處履行王室職責。

對安東尼來說，攝影（他的工作）是他唯一所有，而且他的個性喜歡無拘無束到處去拍照，不是成天照著皇室的行程亮相做公益。而對瑪格麗特來說，我天生是公主而自由就是我這輩子最沒有的，比起個人自由更重要的是皇室職責哪。兩個有個性、有苦衷又有堅持的人，肯定會發生碰撞。

於是，雙方婚內出軌的小道消息不斷，安東尼與女助理過從甚密，瑪格麗特也有眾多情人，最有名的是小她十七歲的園丁男友羅迪（Roddy Llewellyn），兩人的戀情持續八年之久。瑪格麗特和安東尼這段轟轟烈烈的格差婚姻並不長久，育有一雙子女的兩人於一九七八年選擇離婚。

瑪格麗特成了百年來第一個離婚的英國皇室成員，種種的壓力跟負面新聞讓她罹患憂鬱症外，長年煙癮加上飲酒過度，嚴重影響健康。不到五十歲就患肺癌，還有中風、視力下降等等身體問題。晚年在公眾面前亮相時她都是坐著輪椅，老態龍鍾香消玉損，曾經是那麼耀眼動人褶褶發光的她，看著真的很讓人唏噓。二零零二年瑪格麗特公主最終因病去世，享年七十二歲，在她的喪禮上從未在公共場合展露任何私人情感的伊麗莎白女王低頭拭淚，姊妹深情盡在不言中。

在還沒移居英國之前，對英國皇室有種幻想，覺得王子公主住在城堡裡過的無憂無慮，尤其公主有穿不完的漂亮衣服，還有美呆了的皇冠可戴，成天只要打扮美美的就可以。來英國接觸很多皇室新聞後才發現根本不是這麼回事，英國是君主立憲國家，世襲皇室與民選議會並存。在歐洲許多國家的皇室早就被廢除，英國皇室之所以還屹立不搖，是因為他們在民主轉換過程中早早體認要還權於民才可以保住自己。

英國人民很尊敬皇室的同時，如果覺得皇室成員的某些行為不夠低調自重時的批評也是相當猛烈。而且，保皇派與廢皇派的爭議一直都在，女王很清楚如果她帶領的皇室團隊"做的不夠好，支持率不夠高"的話，是有一批人隨時想把皇室廢掉的。有自覺的皇室成員也會用高標準要求自己，很可惜每鍋粥裡總是有些老鼠屎，現任女王一生謹言慎行，自我要求極高從來沒有出過差錯，得到英國人民高度支持，她在位時英國皇室應該無虞，可是等她交棒後英國皇室會如何發展，很值得好好觀察。

英國時尚鬼才麥昆

Alexander Mcqueen

Alexander McQueen 因為其設計天分及對英國時尚業的卓越貢獻，在 2003 年榮獲英國女王授勳大英帝國勳章（Order of the British Empire）裡的司令勳章（Commander，簡稱「CBE」），此勳章是女王頒發英國各行各業裡傑出人士的至高榮譽。

是哪位設計師讓英國人愛到想把他的肖像放上二十磅紙鈔？是哪位設計師的展覽讓倫敦 V&A 博物館（Victoria & Albert Museum）破例把這個「史上最受歡迎的展覽」展期延長，因應全世界湧進的觀展人潮？而又是哪個設計師品牌榮登英國凱特王妃的最愛，頻頻在各個重要場合亮相？

二零一零年二月十一日下班回家的我，隨手抓起了每天在倫敦地鐵上免費發送的晚報 Evening Standard，斗大的頭條印入眼簾：知名時尚設計師 Alexander McQueen

自殺身亡！標題旁邊放了張他設計的衣服照片，當時並不知道 Alexander McQueen 是誰的我，看著那件前衛的衣服出了神…心想… 這明明不是我喜歡的設計風格，可怎麼彷彿有一種魔力般深深地吸引我…

五年後，V&A 博物館（Victoria &Albert Museum）推出了向 Alexander McQueen 致敬的《野蠻美麗 Savage Beauty》大展。這場 V&A 有史以來最受矚目的特展吸引了近五十萬人來觀展，V&A 不但破例將展期延長，還將閉館時間延後以因應觀展人潮。而我當然也是那五十萬人其中的一人，喔！不！是兩人，因為我排了兩次隊看了兩次！

事隔多年《野蠻美麗 Savage Beauty》帶給我的衝擊依然如此深刻，被稱為鬼才的 McQueen，設計裡有很多衝突與矛盾的元素、前衛與經典、感性與理性、傳統與創新，彼此極端又不失衡地並存著。究竟是怎樣的鬼才、怎樣的人生，才能有如此華麗又黑暗的創作風格？

McQueen 生於一九六九年三月東倫敦貧民區，父親是性情粗暴的計程車司機，媽媽是位社會科老師。McQueen 和其他五個兄弟姊妹，一起擠在擁擠狹小的住宅裡生活，父親因為巨大的經濟壓力時常對他暴力相向⋯

十六歲的時候，McQueen 受了媽媽的鼓勵，去倫敦最有名的傳統高級西裝訂製街 Savile Row 當學徒，很快的 McQueen 在剪裁方面的天份就被老師傅們注意到。二十歲那年，McQueen 為設計師立野浩二工作一段時間後，隻身前往義大利米蘭為設計師（Romeo Gigli）工作。

這段在 Savile Row 當學徒的時間，McQueen 學習到的英式傳統剪裁，奠定他良好的做工根基，也對他將來的設計產生影響。他曾說過：「創新之前必先了解傳統」（You've got to know the rules to break them）。在 McQueen 日後前衛的設計裡，都可以看到他無懈可擊的傳統剪裁功力。

二十二歲那年 McQueen 返回倫敦，想進入最負盛名的中央聖馬丁藝術與設計學院（Central Saint Martins College of Art and Design）攻讀碩士學位，可他想沒受過正式設計教育的自己怎麼可能進去念書？那不如去申請工作吧！他帶著作品敲了當時學務長 Bobby Hillson 的門，表明自己的心意。

Bobby 看著眼前的這個小男生，心想：你年紀跟其他學生一樣，他們怎麼可能會把你當一回事？不過，她在 McQueen 的作品上看到了不可多得的天份，於是她說：「我破例讓你來念書吧！」

隔年 McQueen 在畢業展上遇見了此生的伯樂與貴人——Isabella Blow，曾經在 US Vogue 擔任編輯，出身英國貴族世家的 Isabella，當時返回倫敦擔任 Tatler 跟 The Sunday Times 的時尚編輯。在時尚圈人脈極好的她，看到 McQueen 的作品驚為天人，一連打好幾天電話給他，希望買入他所有的作品。最後 McQueen 同意用五千磅賣她，隨性的 McQueen 用了一個大型家庭用黑色垃圾袋把作品包成一袋寄給了 Isabella。

Isabella 憑藉著自己的影響力及人脈，很快地替 McQueen 在時尚界打開了知名度。不過 McQueen 初期在接受訪問及伸展台上都堅持不露臉，後來他才透露是因為當時還是很窮，不能露臉是因為需要繼續領英國政府的失業救濟金，然後把所有的救濟金都拿去買布從事創作。

在時尚圈迅速嶄露頭角的 McQueen 在二十七歲時就被時尚帝國 LVMH 注意到，捧來大把鈔票希望他到巴黎當 Givenchy 的創意總監。McQueen 其實很掙扎，一來他並沒有喜歡 Givenchy 的 Brand identity，再來他覺得自己可能無法適應法國文化。不過最後他還是接受了這個 offer，因為他需要 Givenchy 的錢來支撐自己真正的夢想，也是他的自有品牌 Alexander McQueen。

McQeen 曾說自己是浪漫的精神分裂者（Romantic Schizophrenic），他的性格其實很多面，浪漫的、理性的、前衛的、經典的、叛逆的、傳統的…同時做著兩個截然不同的品牌 Givenchy 與 Alexander McQueen，McQueen 用他浪漫的柔美的那個部分做 Givenchy，用前衛的黑暗的那個自己做 Alexander McQueen，但細看他所有的作品，最深層的元素都是重疊的…美的深沉是痛，醜的深沉是美…

當時兩個品牌加起來，McQueen 一年要創作十四個系列，如此沉重的工作壓力，任你是鬼才也負擔不來。此時 McQueen 開始吸毒，身形從當初那個圓滾滾的少年，越變越瘦，臉上的笑容也越來越少…擔心他的姊姊 Janet 建議他不如把自有品牌收了，減少壓力跟工作量，McQueen 答道：公司裡十幾個員工都要仰賴這份薪水付房貸，我把公司關了，他們的生活怎麼辦？！

創作及生活上都承受極大壓力的 McQueen，這時人生迎來了另一個悲痛，好友

Isabella在二零零七年自殺。然而，壓垮McQueen的最後一擊是二零一零年母親的辭世，McQueen與媽媽非常的親近，她長期以來是他的精神支柱。萬念俱灰的McQueen此時覺得自己再也無力獨自對抗排山倒海的壓力，於是在媽媽喪禮的前一天，他也選擇了跟大家說再見⋯

或許世人覺得震驚，如此一個受歡迎，名利雙收的設計師，怎麼會就這樣突然結束自己的生命？或許在眾人掌聲跟喝采的背後，他的孤獨與壓力早已超過我們能想像的範圍⋯

McQueen死後依照遺願骨灰撒在蘇格蘭的天空島（Isle of Skye），醉心蘇格蘭文化的他在設計中大量使用蘇格蘭紋（Tartan），還曾經幫蘇格蘭威士忌Chivas設計過限量款，他用英國國旗的紅白藍做成金屬搖滾風瓶蓋，非常時尚有個性。他曾說：「英國時尚是自信的、無所畏懼的，拒向商業低頭的。也因如此，才能在英倫傳統的基礎上源源不絕的創新。[1]」。而這段話何嘗不也是對他自己最貼切的形容呢。

1 British fashion is self-confident and fearless. It refuses to bow to commerce, thus generating a constant flow of new ideas whilst drawing in British heritage

實驗室調酒

Mixology

位於 Angel 區的 69 Colebrooke Row 讓人彷若走進六十年代的義大利。

這家在街角的小酒吧，椅子上的紅色絲絨坐墊映著黑白格子地板，是六零年代義大利風格的裝潢與氛圍，是間坐落在安靜住宅區裡座位極少的酒吧。主人 Tony Conigliaro 正在二樓堆放著真空機、離心機、旋轉煮餾儀的實驗室中做著實驗，他想讓雞尾酒散發出香奈兒經典香水 No 5 的香氣。

雞尾酒怎麼可能聞起來像香水？是的，或許在傳統調酒中不可能，但在分子調酒中卻不是不可能的。當牛津大學物理學者 Nicholas Kurti 提出分子料理「Molecular Gastronomy」這個詞之後，分子料理風潮席捲歐洲也吹進雞尾酒界。分子調酒是指把科學實驗的精神帶進吧台，用烹飪時使用的精密儀器來操縱物質的狀態，創造前所未有的視覺與口感，例如用離心旋轉器提煉無雜質的蔬菜液汁，或是將材料放進起泡器中加入 N2O 做成綿密似棉花糖的泡沫，或是用伯爵茶做成魚子醬，用物理及化學方法將氣體變固體，固體變液體，液體變泡沫，大舉推翻食材的味道、口感、質地的常態以挑戰傳統感官。

Tony 在倫敦雞尾酒業界素以創新聞名，是當代倫敦調酒黃金時代的重要推手。唸設計出身的他不諱言有時自己的靈感來自時尚，例如：香水！也因為他的時尚背景，他非常注重酒調好後看起來的美感與裝飾的細節，然而他走的不是花俏華麗的裝飾，他深知所有的不凡都是藏在細節裡，有底蘊的極簡才是百看不膩的。放在雞尾酒杯緣的檸檬切片，是他去請教倫敦頂級日本料理餐廳的生魚片主廚找出切檸檬的完美角度，放在調酒裡的橄欖，是他尋遍歐洲所有橄欖產地後選擇了來自義大利西西里小農家的自漬橄欖。這間位在Angel的小酒吧69 ColebrookeRow[1]就是他盡情揮灑自我的小天地，在這裡不但可以喝到創意調酒當然也有不一樣的經典驚喜，例如：先將曼哈頓調好至少裝在瓶子裡陳放半年的Vintage Manhattan。

時尚帶給Tony的影響不只是想讓調酒聞起來有香奈兒No 5的香氣，香水憑藉味道氣息讓我們回想起過往的美好時光，可能是小時候最喜歡去的那個公園裡的芬芳花香，可能是家裡最喜歡窩在上面的那張沙發的皮革香，可能是媽媽最愛用的香水香，他深知帶著人們回到過去美好時光的秘密力量有多大。某個午後，義大利報社來拍攝他在倫敦的第二間酒吧Bar Termini，這次拍攝的重點是他花了兩年時間用自製白桃果泥跟杏桃香甜酒研發出來的摩登版貝里尼（Bellini），這是義大利人最喜歡的氣泡雞尾酒。當義大利女攝影師放下相機喝了一口Bellini後她哭了，Tony問她：「這酒哪裡不對嗎？」，她抬起頭來說：「我已經三年沒回家了……」。

這是我聽過對雞尾酒最美的形容，也是海外遊子的我深知家的味道是如此打動人心，卻也是最難複製的味道。Tony 的調酒很科學地滿足客人視覺、嗅覺、味覺、觸覺及聽覺的感官享受外，最與眾不同的是觸動客人的第六感——感受。

位在東倫敦 Shoreditch 的 Scout Bar 是很有名的科學酒吧，這裡的裝潢是日式極簡風，沒有一絲絲的多餘，吧檯後面的酒櫃裡沒有酒，而是像實驗器材的瓶瓶罐罐。這裡的調酒與其說是「調」出來的，更精準的應該說是「做」出來的，所有的基酒及材料預先在酒吧地下室的實驗室裡透過再蒸餾，過濾，發酵，浸泡，分離等科學方法精準地預製過，調酒師最後會把預製好的半成品依照比例調出酒給客人。

我手裡這杯酒，調酒師把它倒入有田燒青瓷杯裡緩緩遞給我，酒譜上寫：生蠔殼、紫蘇、煎茶。入口是清酒，尾韻是燒酎，如礦泉水般清澈無雜質的口感讓我輕嘆出聲。握著這杯乾淨純粹的酒，左右端看，心裡總覺得它少了些什麼？如此純淨無瑕的調酒配上這冷調性的裝潢，少了那專屬於手做的溫暖，感覺像正襟危坐吃上一頓都是泡沫，擺盤精緻到無可挑剔但是不知食材為何物的米其林 Fine Dining。比起這樣有距離感的餐廳，更得我心的是巷口轉角那家把好食材跟熱誠端上桌，裡面人聲鼎沸老闆大聲吆喝，常常去吃也不厭煩的小菜館哪。

而這股實驗室旋風也吹進威士忌業界，月前在百家爭鳴的倫敦威士忌展裡不知道從什麼威士忌開始下手的我，被身後的落腮鬍瑞典熟男B叫住；

B：「要試喝機器人做的威士忌嗎？」

L：「機器人嗎？」

B：「對啊，全球首款人工智能（AI）威士忌！」

L：「機器人做了什麼？」

B：「我們把酒譜，庫存，銷售量，顧客喜好等等數據交給瑞典科技公司跟微軟進行分析，經過無數次的分析後，機器人創造出來七千萬種"應該會受到歡迎"的酒譜，這是照第36號酒譜做出來的威士忌。」

L：「七千萬！機器人是不是覺得人類很愛喝？哇！我要試喝！」

機器人的作品沒有讓人失望，是支香氣口感都高度平衡的威士忌，可是，它平衡到有點⋯缺乏個性，很難讓人用有特色或是會產生聯想的形容詞來描述。做為全場唯一的AI威士忌，雖然不夠有個性但仍然讓人印象深刻。可是我不禁想五十年後，會不會威士忌酒展上都是這種經由機器人仔細計算過的威士忌。一想到這，就覺得有點惆悵，就覺得要好好珍惜手做威士忌，雖然有時候不夠完美，可那正是最迷人之處，不是嗎？

實驗室調酒的各種新技術確實將調酒帶入新紀元，很多靠著傳統攪拌、搖動方式做不出來的味道、口感、質地，通過物理和化學手段重新組合，就能變成令人意想不到的雞尾酒。然而，如何讓客人在飲用時內心有更多的感覺跟感動，就不是靠高科技就可以了，畢竟有多少客人會只為一杯好酒一再光臨，更多客人是因為喜歡店裡的氛圍而不捨離去，就像那間家裡巷口的小餐館，幾個禮拜不去就讓人懷念起來，懷念的不只是味道還有那溫暖的記憶哪。

[1] 69 ColebrookeRow 酒吧 http://www.69colebrookerow.com/

飯店酒吧隱藏版 1.0

Connaught Hotel

位於 Mayfair 區的 Connaught Hotel Bar，不但調酒精彩，身旁各個充滿故事的客人才是令人百去不厭的原因哪。只是，我替他們編織的故事是否真實就不得而知了…

榮獲 2019 The World Best Bar 殊榮的 Connaught Bar 位於倫敦高檔的 Mayfair 區。

常有人問我，倫敦最好的飯店酒吧是哪？通常先被我捨去的，是五星級的國際連鎖飯店，例如 Four Season、Bulgari、InterContinental 等等，不是這些飯店不夠好，而是在其他大城市也有這些飯店，沒有專屬於倫敦的靈魂。我真心想推薦也覺得到倫敦時不應該錯過的飯店是有著上百年的歷史，有著說不完的故事，最重要的是，除了倫敦以外再也無法在另一座城市裡找到的飯店，例如 The Savoy、Claridge's、The Dorchester、The Dukes 等等。

這些飯店酒吧最大的差別在哪裏？我的觀察或許會讓許多人訝異，既不是酒好不好喝也不是裝潢美不美麗，而是人，是酒吧的工作人員和客人！這些歷史悠久的飯店全在華麗典雅的維多利亞式建築裡，美不勝收的裝潢都是由世界頂級設計師操刀，酒單上的創意及調酒的細節，每每令人讚嘆不已，種種硬體真的是完美到無法讓人挑剔了。然而，如果細細觀察每間酒吧，就會發現他們吸引到的客人有著極大的不同！

The Dukes 是間英倫紳士風的酒吧，James Bond 在這裡誕生，這裡的客人多是在附近 Green Park 私募基金工作西裝筆挺的男士及他們的富豪客人們，這麼 Gentlemen 的酒吧裡很少看到整桌女客。金碧輝煌的 The Dorchester 是中東富豪的最愛，低調從來跟他們沒關係，越是金光閃閃 Bling-Bling 的酒吧越能得到他們的青睞，別以為回教徒真的不喝酒，這裡的穆斯林富豪客人會要求酒保把威士忌倒入茶器中，讓人以為他們在喝茶。The Savoy 位在十九世紀倫敦最高級的 Strand 區，時至今日倫敦最高檔的區已經變成梅菲爾（Mayfair），Strand 反而觀光客多，The Savoy 裡的 The American Bar 自一九二零年代開始就是倫敦調酒的殿堂，除了很多是慕名而來的觀光客外也有許多的本地客。而這些飯店酒吧的客人中，最讓人百觀察不厭的非 Connaught Hotel Bar[1] 莫屬！

這間位於倫敦上流菁英群聚的梅菲爾區，贏過好幾次 The World Best Bar 的 Connaught Hotel Bar，在倫敦調酒業界鼎鼎有名的 Agostino Perrone（Ago）的帶領之下，極具巧思的酒譜跟調酒的水平就無需多說了。低調卻又極為華麗的酒吧由名設計師 David Collins 設計，酒吧裡的鱷魚紋皮革黑色皮椅、銀灰色與祖母綠大理石相映的吧檯、牆上隨處可見的金屬霧面玻璃、天花板上垂吊下來的華麗水晶燈，完美打造出屬於大亨小傳年代的華麗優雅。每次造訪這間充滿魅力（Glmour）而且調酒好到沒話說的酒吧，最讓我眼球移不開的總是…他的客人們…

就拿今晚來說吧，左前方的那桌坐著位金髮女生，穿著把她凹凸有緻的身材顯露無疑的緊身紅色洋裝，裸鑽的細跟高跟鞋把她白皙的小腿襯托得更加細長。她的男伴穿著深藍色合身手工訂製西裝，好登對的一對啊！不，有種違和感在他們之間…是什麼呢？是年紀！她是足以當他女兒的年紀呢～幾杯調酒後，男士輕撫她的金髮在她耳旁呢喃著，花漾般的笑容在她嘴角盪漾開來。當她起身去化妝室時，男士馬上從西裝口袋裡拿出手機飛快地敲著，是在跟第三任老婆報備自己今晚有應酬會晚歸吧…

隔壁這桌坐著位老先生，他的一舉一動有著英國老派紳士特有的拘謹感，是在等人吧？老先生緩慢地品嚐手中的調酒，約莫二十分鐘後，他等的人來了！是位面容俊俏的年輕小伙子，斜揹著帆布包，穿著不怎麼平整的襯衫，這身穿著在這五星級的酒吧裡，怎麼看都有點顯得寒酸。兩人低語聊了一會兒，耳邊依稀傳來的幾句話裡，感覺是兩位初次見面的陌生人，硬是想找點什麼話講的尷尬。原來小伙子是南歐人剛到倫敦不久，人生地不熟，跟老先生是在網路上認識的…沒消多久，這初次見面的兩位，彷彿不願意再多浪費春宵一刻似的起身走了，他們的背影就這麼消失在飯店的長廊上…

帶領 Connaught Hotel Bar 榮獲好幾年 The best bar of the World 殊榮的 Ago 也是極有故事的傳奇。我對 Ago 的回憶是二零一五年一場干邑品牌人頭馬（Remy Martin）的活動，當時人頭馬將 Soho 區的一間藝廊改造成 Remy Martin Bar，每晚都請業界相關人士或是藝文人士來講干邑之美。有場講座的主講人是 Ago，我想 Ago 一定是講干邑調酒（Cognac Cocktails），絕對精采絕倫就火速報名了。當天到會場後，發現牆上掛了許多色彩鮮豔的照片，有澄黃深邃的無邊沙漠，有蔚藍熾熱的無際天空，我以為是哪位攝影大師的作品，原來全是 Ago 的攝影作品。

Ago 那晚只講他熱愛的攝影，說著從相機鏡頭看出去的世界有多讓他驚豔和感動，說著自己還沒來倫敦成為調酒師之前在義大利最想當攝影師，說著即便現在工作繁忙只要有空他就揹著相機出去尋找調酒的靈感。那晚活動帶給我的感觸很深刻很細膩，比起大聊自己對調酒的熱誠、創意與技巧，看著眼前這個講到自己熱愛的攝影眼睛會發亮的男人，我相信他絕對也會是頂尖的調酒師，只因為…調酒也是他的愛。

有次回台灣時跟 AHA Saloon 的阿凱聊到這段 Ago 帶給我的感動，他也大方分享與 Ago 初次見面的場景。多年前，阿凱在朋友的介紹下，造訪倫敦時去 Connaught Hotel Bar 找 Ago 朝聖。當時吧檯前站滿客人，阿凱回憶到：這麼繁忙的酒吧裡 Ago 一眼就看到我，給我一個溫暖的微笑，甚至特地從吧台走出來，親自把我的外套拿去 cloakroom。我觀察他不是只對我如此細心，他對每位客人的服務都是如此真誠、細膩、溫暖，讓我學習到除了好調酒外，對客人的暖心照顧更是世界頂級酒吧的必備條件。開創帶領台灣雞尾酒潮流崛起的靈魂人物之一的阿凱，眼裡的 Ago 帶來截然不同的啟發，我想在他們之間還多了英雄惜英雄的讚賞。

對醉翁之意不在酒的我來說，比起品嚐雞尾酒，在倫敦的酒吧裡觀察周圍的人們更是有趣。夜晚的酒吧裡，有各種人生百態，喧鬧的酒吧裡，她和他的故事正在上演…充滿時尚感與現代感的 Connaught Hotel Bar 永遠不會讓我厭倦，在華燈初上的倫敦微醺之夜，觀察這裡的酒客們然後在腦中恣意地編織他們的故事，總是讓我滿足一窺他人人生的慾望，只可惜我編織出來的電影情節是真是假，就永遠不得而知了⋯⋯

[1] Connaught Hotel https://www.the-connaught.co.uk/

飯店酒吧隱藏版 2.0

Rosewood Hotel

倫敦最美飯店之一的 Rosewood Hotel，從飯店大廳走過玫瑰金鏡面長廊從後門進入 Scarfes Bar 才是內行的門路。

走進了這扇雕花的氣派鐵門，Holborn 喧囂的街道與熙攘人群被拋諸門後，彷若踏進某位貴族家裡莊園的中庭，被私密的靜謐感包圍，替你拉開大門的不是大宅院的管家，而是 Rosewood Hotel[1] 的 doorman。這棟建造於一九一二年，被列為二級古蹟的愛德華式典雅建築前身是知名保險公司 Pearl Assurance Company 的總部，由 Rosewood Hotel 買下後斥資重新裝潢，在二零一三年再度開幕，堂堂加入倫敦頂級飯店的行列。

飯店大廳由八歲時隨父母從台灣移居美國紐約的知名設計師季裕堂（Tony Chi）打造，Tony 坦承第一眼看到 RoseWood 就臣服在她華麗的風采下，希望能讓旅人與 Rosewood 建立親密感的他承襲 Rosewood 飯店的設計哲學——A Sense of Place，將大廳設計成居家客廳，讓旅人走進大廳就如同回到家裡般的放鬆與安心。低調奢華的設計裡有非常英式的沉穩安靜，他的用心在很多細節上顯露無遺，例如：桌上那本書就這麼不經意地翻在一九六一年伊莉莎白女王拜訪印度的那頁，玻璃櫃裡飛舞的蝴蝶是用滾石合唱團（Rolling Stone）的黑膠唱片做成，主牆上掛著智利藝術家 Eduardo Hoffmann 的畫，畫裡是綿延不絕的英格蘭丘陵。最讓人印象深刻的就是那道玫瑰金鏡面與黑白大理石相互輝映的長廊，盡頭就是倫敦最受歡迎的酒吧 Scarfes Bar。

Scarfes Bar 的名字來自於知名英國政治插畫家 Gerald Scarfe，牆上到處是他充滿英式諷刺幽默的插畫。酒吧的室內設計師是來自瑞典的 Martin Brudnizki，他混搭了近二百公分的銅製壁爐，超過千本的手選原版古董書陳列在書架上，七零年代的桃花木搖椅，五零年代的雞尾酒高腳椅，營造出溫暖舒適且隨意自在的空間。每天晚上，酒吧裡有現場爵士樂演奏，女伶慵懶的歌聲飄盪，微醺的情調下，搖曳的燭火中，低聲細語的人們也許相視而笑，也許耳鬢廝磨，也許翩翩起舞，每個人都很放鬆自在地享受著屬於自己的美好一刻。

酒吧裡的酒單會定期更換，上任的首席調酒師 Greg Almeida 與酒吧經理 Martin Siska（二零一八年 CLASS 酒吧獎年度最佳酒吧經理）以 Scarfes 的藝術創作為靈感設計出的雞尾酒單充滿英國元素。他們從 Gerald Scarfe 畫的七十位插畫人物中挑選出了最具英國特色的十三位，包含了政治人物柴契爾夫人（Margaret Thatcher）、音樂家披頭四樂團（The Beatles）、孤雛淚（Oliver Twist）作家狄更斯

穿過這條走廊就是酒吧

（Charles Dickens）、電影人物哈利波特（Harry Potter）跟皇室成員查爾斯王子（Prince Charles）等，把這些人物帶來的啟發與調酒的元素結合，創造出令人耳目一新的酒單。

全世界最受歡迎歡樂滿人間（Mary Poppins）的魔法保姆在吹拂過威士忌酒廠，黃色雛菊與紫色薰衣草田的一陣夏風裡撒下雪花般的白巧克力，就是這杯 Make The Medicine Go Down，The spoonful of sugar（白巧克力）把輕柔香甜的夏日田野之風帶進你的味蕾。史上最有影響力的搖滾樂團披頭四（The Beatles）把 Revolution 帶進樂壇，Greg 把 Revolution 帶進調酒中，可以想像蘭姆酒加上荳蔻葉、薑黃、紅毛榴槤跟柑橘是何種滋味嗎？就如同披頭四大膽地運用各式經典元素打造出屬於自己的音樂般，Say You Want A Revolution 是一杯很跳 tone 但是很平衡的調酒，酒杯裡每個元素，如同披頭四樂曲裡的音符般，恰如其份地扮演好自己的角色，不搶拍不拖拍，齊心協力成就酒杯裡的完美樂曲。

今年才剛更新的酒單則是在新任首席調酒師 Yann Bouvignies 與酒吧經理 Martin 的帶領下，由整個酒吧團隊共同參與酒單的研發，團隊裡的每個人都有不同的專業；有人很懂咖啡、有人很會花式調酒、有人是講故事的高手…彼此激盪出新的創意與不同的視角，用這些靈感設計新的雞尾酒譜。整個團隊深入研究 Gerald Scarfe 的作品後，發現他曾經描繪過眾多知名傳奇歌手與樂團，包括披頭四樂隊，滾石樂隊和偉大的 David Bowie，最後他們決定用音樂當新酒單的主軸。

在每種音樂流派，流行、古典、靈魂、爵士、放克、搖滾、電音、爵士，世界和嘻哈，都選出一位傳奇歌手或樂團，創作出兩款調酒來紀念他們各自職業生涯中的關鍵時刻。新調酒如同交響樂悠揚的旋律般，從輕柔甜美的鋼琴聲，有個性的 Mezzo Forte 到最有張力的 Fortissimo，新酒單結合整個樂團的高、中、低音，甜美的、深沉的音符打造出各個超級巨星的終極交響曲。

在倫敦的高級飯店普遍有 Dress Code，穿著牛仔褲通常無法進入。Scarfes Bar

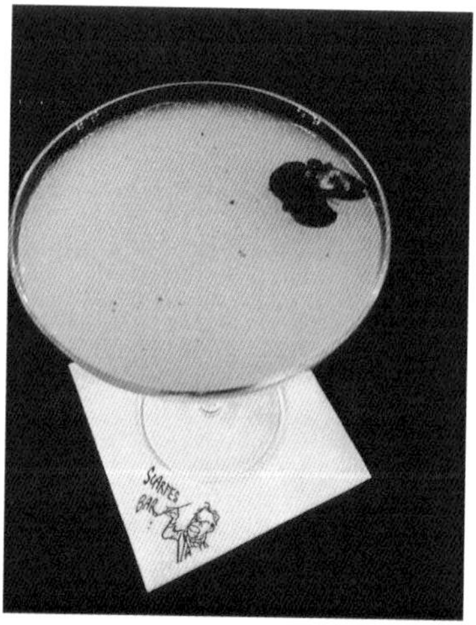

1 | 2
3 | 4

1 一陣夏風裡撒下雪花般的白巧克力
2 來自披頭四的 Say You Want A Revolution
3 Rosewood 如家裡客廳般的大廳
4 桌上的書就這麼剛好翻在女王出訪印度那年

是極少數在倫敦可以不在意自己穿什麼（雖說如此，穿著短褲或是及膝褲還是很不合禮儀）就隨意走進去的高級飯店酒吧，如同大廳的設計般，他們想要提供客人的是一種在家裡的舒適與放鬆感。在倫敦造訪過許多酒吧後，能讓我一去再去而且真心想推薦給朋友的，必是注意細節且不忘服務初心的酒吧。畢竟，酒吧是服務業，讓造訪過的客人即使只點了一杯 Gin Tonic，都能帶著開心滿足的回憶離開才是最成功的，而 Scarfes Bar 正是如此這般不會讓人失望的酒吧。

1 Rosewood Hotel https://www.rosewoodhotels.com/en/london

龐德最愛的馬丁尼

James Bond

世界最佳馬丁尼酒吧 Dukes Bar 的馬丁尼是 007 的最愛，調酒師會將小調酒桌推到客人身旁現做調酒。

大家還記得二零一二年倫敦奧運的時候，英國女王別出心裁地的從直升機上空降進場嗎？當時護送女王從白金漢宮（Buckingham Palace）到奧運會場的是全球最知名的情報員。風流瀟灑又多情，身手矯捷，機智多變，出生入死依舊從容不迫地保有英國紳士翩翩風度的…詹姆士龐德（James Bond）！

「My name is Bond, James Bond」從一九六二年史恩康納萊（Sean Connery）第一次在大銀幕說出這句台詞，距今已整整半個世紀有餘。詹姆士龐德原為英國作家伊恩佛萊明（Ian Fleming）筆下的情報員，Ian

是倫敦的名門望族之後，父親是國會議員，他進入了貴族學校——伊頓中學就讀。然而，學業不是 Ian 的強項，他在體育方面的表現更為傑出。無奈的母親只好將他送到奧地利、慕尼黑、日內瓦等地的大學繼續深造，而這些經歷則為他日後塑造 007 的鮮活形象累積了豐富的生活素材。

Ian 畢業後先後在路透社、銀行業、證券業及泰晤士報等許多地方工作過，工作表現不但不突出，還贏得”全英格蘭最差的股票經紀人“的稱號。直到二次大戰爆發，Ian 擔任了英國皇家海軍諜報官，表現優秀傑出，一路快速升遷到情報局局長的助理，主要從事後方的策略與籌畫。由於深得局長 John Godfery 的賞識，他擁有超出職位的權力，比起軍情局裡許多高級軍官，得以接觸更多的機密。也因為如此，他無法到前線去從事間諜工作，因為軍情局無法承受如果任務失敗，他被敵人擄走的話，有多少機密可能會被洩出的風險，而這也是他日後在自傳中提到在中情局生涯中最引以為憾的事。

1 | 2　1 隱藏在巷弄間的公爵飯店
2 公爵酒吧裡的 Vesper Martini

一九五二年，從海軍上尉退役的 Ian 移居到位於牙買加 Goldeneye 的別墅，在那裏，四十四歲才初婚的 Ian 對即將到來的婚姻生活感到恐懼，他決定找件事來轉移注意力。他想到用累積了十五年的情報工作經驗寫一部「終結所有間諜小說的間諜小說」。兩個月後，第一本 007 小說《皇家夜總會》（Casino Royale）就此誕生，然而，男主角的名字始終「難產」…直到有天，他隨手翻了桌上一本鳥類學著作，作者就名叫詹姆士龐德（James Bond），這簡潔有力的音節正好符合他的訴求，於是這位爾後縱橫全球超級情報員的名字油然而生。

總是身著經典優雅英式高級定製西裝，瀟灑不羈的龐德除了愛美女之外，最鍾情的就是馬丁尼。Ian Fleming 將自己的生活及喜好都投射到龐德身上，家世好又有顏值的 Ian 年輕時就是穿著高級訂製西裝，身邊不乏美女環繞（從他到四十四歲才結婚不難看出端倪），喜歡上 Casino 也喜歡在位於梅菲爾區（Mayfair）的 Dukes Hotel Bar[1] 喝上一杯馬丁尼。時至今日，Dukes Bar 的 Martini 還是享有 The World’s Best Martini Bar 的讚譽。

為了尋找靈感，我再度造訪了隱藏在巷弄間，保有英國上流社會低調沉穩風格的 Dukes Hotel，一如往昔，迎接我的是 Alexander 溫暖真誠的笑容，義大利式的大擁抱後，他問我：「今天喝什麼呢？」我說：「正在寫關於 Ian Fleming 的文章呢！」他眼睛一亮說：「那我調杯特別的 Martini 給妳！」不消一會兒，他從吧台後面拿出 No3 London Dry Gin 跟來自波蘭的 Potocki 伏特加，在冰鎮過的酒杯裡加入幾滴的 Lillet，倒入冰凍過的琴酒和伏特加，最後刨上來自他家鄉 Amalfi 的有機檸檬，既沒有 stir 也沒有 shake，他緩緩地將這杯酒推給我。

「這是為了妳的文章特別做的 Vesper Martini」，他說。「二戰中最受邱吉爾首相賞識的情報員是位女生，她的代號就叫 Vesper，是波蘭人這也是為什麼我用波蘭的伏特加來做這杯調酒」。據聞她跟 Ian Fleming 是情人呢，所以龐德唯一愛過的女間諜就是 Vesper 呀！Vesper Martini 也是龐德在《皇家夜總會》（Casino Royale）裡喝的調酒，而當初的酒譜就是 Ian 跟 Dukes 的 bartender 一起想出來的呢。

頓時，手上的這杯 Vesper Martini 浪漫了起來，慢慢地喝著這杯近乎藝術品的 Martini，我彷若看到 Ian 坐在窗邊的皮椅上振筆疾書，而耳邊輕輕傳來的是 Louis Armstrong 演唱的一九六九《女王密使》（On Her Majesty's Secret Service）的主題曲——**We Have All The Time In the World…**

We have all, the time in the world
Time enough for life
To unfold
All the precious things
Love has in store
We have all the love in the world
If that's all we have
You will find
We need nothing more
Every step of the way
Will find us
With the cares of the world
Far behind us
We have all the time in the world
Just for love
Nothing more
Nothing less
Only love
Every step...
Every step of the way
Will find us
With the cares of the world
Far behind us
Yes
We have all the time in the world
Just for love
Nothing more
Nothing less
Only love
Only love

1 Dukes Hotel Bar　https://www.dukeshotel.com/

你所不知的邱吉爾

Wiston Churchill

邱吉爾從早餐就開始喝酒，最愛史達林送他的白蘭地，即使在冷戰時期，蘇聯政府仍持續每年送幾百瓶。

二零零二年，英國國家廣播電視台（BBC）票選”最偉大的一百名英國人“，贏過莎士比亞、牛頓、達爾文、約翰藍儂等名人，勇奪冠軍的正是英國前首相溫斯頓．邱吉爾爵士。關於邱吉爾，有很多你知道的事，但有更多你不知道的事。

布倫海姆宮裡的一角

❶母親是美國人

在十九世紀末，一批美國新巨富應運而生，然而這些暴發戶的女兒們再富有也難以在紐約上流社會圈子裡享有崇高地位。而這時，海峽另一端的英國傳統貴族們正在為籌措維持自家莊園運作與修繕的龐大支出而苦惱著……

於是，美國新貴與英國貴族之間的”聯姻制度“就形成了，嫁給這些英國貴族能讓美國富豪的女兒們馬上成為擁有“Lady”尊稱的貴夫人進入上流社會，而她們帶來的豐厚嫁妝則可以替英國貴族們解決財務上的燃眉之急。

邱吉爾的母親 Jennie Jerome 也是這批英美聯姻中，嫁到英國來的美國富豪之女，婚後正式成為英國貴夫人 Lady Randolph Churchill。

❷家世顯赫名門之後

邱吉爾出生的布倫海姆宮（Blenheim Palace）位於牛津郡，是全英國唯一非皇家居所卻被稱為 Palace 的莊園[1]。邱吉爾的祖先，受封為 Marlborough 公爵的 John Churchill，一七零四年統帥英軍在今日德國境內巴伐利亞的 Blenheim 英勇擊退法軍，為了表揚他的功勳，安妮女王在這兩千一百英畝的皇家土地上建造了華美的布倫海姆宮賞賜給他。

一百多年後，邱吉爾就誕生在這座華麗的莊園之中。他也在這座皇宮裡向妻子克萊門汀（Clementine Hozier）求婚，之後兩人鶼鰈情深攜手共度五十七年。據聞，邱吉爾曾說：「我在布倫海姆宮做了兩個非常重要的決定，出生和結婚。我對這兩個決定都非常滿意。」

❸ 諾貝爾文學獎得主

邱吉爾被評為歷史上「掌握英語單詞數量最多」的人之一，這個「數量」是指約十二萬個詞彙。他文筆極好，所有著名演說都是出自本人之手，或許因為如此，他的演說內容總是打動人心。

邱吉爾最有名的演說是在徵召民間船隻將困在敦克爾克的四十萬英法聯軍撤退時發表的：我們將在沙灘作戰（We Shall Fight on the Beaches!）奧斯卡熱門電影「最黑暗的時刻」跟「敦克爾克大行動」中都引用了這段歷史跟演說。

一九四零年六月四號下午，千千萬萬的英國人民擠在在收音機前，彼時希特勒已經佔領大部分的西歐，獨自面對鐵蹄的英國隨著四十萬子弟兵被困在法國沿岸的敦克爾克，陷入一片絕望之中……人民懷著巨大的恐懼跟不安等待著邱吉爾的演講。

「我們將戰鬥到底。我們將在法國作戰，我們將在海洋中作戰，我們將以越來越大的信心和越來越強的力量在空中作戰，我們將不惜一切代價保衛本土；我們將在海灘作戰，我們將在敵人的登陸點作戰，我們將在田野和街頭作戰，我們將在山區作戰，我們……絕不投降！」

他的這段演說，每字每句都喚醒了英國人心中的力量！一生寫的文字比莎士比亞跟狄更斯加起來還多的邱吉爾寫作領域寬泛，共寫出了二十六部著作，而《二次世界大戰回憶錄》更讓他榮獲了一九五三年諾貝爾文學獎的殊榮！

❹小時候功課很差

文學造詣如此高深的邱吉爾，應該從小就是品學兼優一路念到劍橋牛津的好學生吧？不是！從小被送進貴族學校的他不但成績差還很調皮，老師給他的評語是「淘氣」和「貪吃」。沒有一間學校可以順利畢業的他，只好一直轉學，最後父親將他送入桑赫斯特皇家軍事學院就讀，畢業後進入皇家騎兵團擔任中尉。

❺最愛亞美尼亞白蘭地

向來雪茄不離手，從早餐就開始喝酒的邱吉爾，據聞最喜歡的白蘭地是來自亞美尼亞（Armenia）的 Ararat。在雅爾達會議（Yalta Conference）中，史達林送了這瓶亞美尼亞白蘭地給邱吉爾，他一喝大愛，要求可不可以每年都送些給他。於是蘇聯政府持續每年送約數百瓶的 Ararat 給邱吉爾，即便在冷戰時期也從未間斷過！

❻ 愛妻俱樂部一員

邱吉爾和妻子感情深厚（看過「最黑暗的時刻」的你一定也有感受到），克萊門汀（ClementineHozier）是位賢內助，她為邱吉爾提供了很多政治建議，也是他最重要的精神支柱。

邱吉爾奔波在外時，會寫情書給太太聊解相思之苦。這位諾貝爾文學獎得主在花甲之年曾經給太太寫過一封很有名的情書。

「我親愛的克萊米（對太太的愛稱），你從馬德拉斯寄來的信中，寫到要讓人生更為豐富，這些話對我來說太珍貴了。我無法表達出這些年你給我帶來了多少的快樂。我在想，如果愛能夠計算，那麼我欠你的實在太多⋯這些年來，你對我的愛始終沒有停歇，陪伴在我身邊，實在難以用言語表達這對我的意義⋯」

❼ 二戰後連任失敗

邱吉爾在二戰時帶領英國迎向勝利，為英國立下功勳。因此對一九四五年七月戰後第一次大選信心滿滿，認為自己志在必得。史達林跟杜魯們也認為邱吉爾一定會連任，還特此將波茨坦會議（Potsdam Conference）延後幾天，希望邱吉爾以新英國首相的身分出席。

豈料，英國人民這次並沒有選擇邱吉爾，他們覺得邱吉爾是戰亂中的絕佳領導人卻不是太平盛世的首相人選。這件事也看出了英國文化中的理智面，「勝者為王，敗者為寇」這種想法是不存在的。不過，英國人民並沒有背棄這位偉大的領袖，他的喪禮上，英國人民選擇了再一次的支持他，成千上萬的民眾擁上街頭為他獻上最後的祝福！

[1] Blenheim Palace 莊園 https://www.blenheimpalace.com/

世界酒旅人

長命百歲馬德拉－馬德拉島

Madeira

馬德拉島產葡萄酒的第一次出口可以回溯到西元 1456 年，大約在馬德拉島被葡萄牙人發現的 37 年後，猜猜這批酒被運到哪裡去了？英格蘭！

Madeira 島上的教堂

早在一百多年前鐵達尼號駛離南開普敦港前，英國人就會坐著郵輪到處旅行。即便到搭飛機旅行是常態的現代，英國人對於坐郵輪出遊還是樂此不疲，每年有超過兩百萬的英國人搭乘郵輪旅行，最受歡迎的幾條航線是地中海、加勒比海跟北歐航線。

幾年前就跟 P 討論可以坐郵輪去玩玩看，雖然郵輪訴求的旅客主要是年長者跟攜家帶眷的家族旅遊，但是一天停一座海島的行程真的很吸引我們。這個遊輪假期終於在今年順利成行，喜歡做規劃的處女座如我，當然是行程安排者，P 的要求很簡單：從南開普敦開船到加那利群島（Canary Islands）的航線，因為他年輕的時候在蘭薩洛提島（Lanzarote）住過，一直想再回去看看。

對郵輪一無所知的我開始找船時，被網路上龐大的資訊量嚇傻，原來全歐洲有如此多的郵輪公司、各種不同型號的郵輪、航程、天期選項，唯一要注意的是由於氣候的關係，每條航線都有季節性，所以郵輪旅客通常很早前就會開始規劃。

我們的目標很明確，從南開普敦發船有停蘭薩洛提島的航線，而且要避開學校假期，這麼一搜尋下來只有三個選項，我就隨意選了 P&O Cruise。

到了登船那天發現 P&O 的乘客幾乎全部都是英國人，船身也有英國國旗的圖樣，船艙裡隨處都是英國人愛喝的茶包，讓旅客不管在哪裡都有茶可以喝。我才知道原來 P&O 在郵輪業界的地位就像英國航空（British Airway）在航空業一樣，是正港純正的英國自家品牌。

我們的船啟航後一路往南，前三天都在海上漂移，海上的行程比想像中平順許多，為了怕乘客無聊，郵輪上每天會送來三張 A4 紙，正反兩面都寫得密密麻麻的活動表，除了有電影、脫口秀、魔術可看，還有威士忌、香檳、琴酒的品酒課、藝術品講座、全球氣候變遷的演講等知識性活動。既然是英國郵輪自然也安排了許多非常英式的娛樂活動，例如酒館猜謎（Pub Quiz），賽馬（Horse Race）等等，猜謎的主題通常也很英國，比如英國歷史跟 007 電影。

每天晚上郵輪會有規定的服裝（Dress Code），沿襲維多利亞女王時代的社交派對禮儀，通常有幾個晚上是 Black Tie Party，男士要打領結女士要著晚宴服去用餐喝酒看秀。整艘郵輪就像一座在海上漂浮的英國小鎮，帶著我們朝著目的地前進。

抵達葡萄牙屬馬德拉島那個早晨，首先映入眼簾的是首都豐沙爾（Funchal）紅頂白牆依山而建的房子，湛藍海港中停泊著些許遊艇，有如明信片般的迷人葡式風情，是座還沒踏上去就已經讓人喜歡的小島，難怪三毛是這麼形容的：「馬德拉就是馬德拉，那份薄薄涼涼的空氣，就是葡萄牙式的詩。」

這座位於非洲西海岸的美麗島嶼要不是家喻戶曉的葡萄牙足球明星 C 羅（Cristiano Ronaldo）誕生於此，知道的人恐怕更少。據說在大航海時代，葡萄牙人發現了馬德拉群島，島上長滿了種類繁多的樹木，就像當初葡萄牙人看到台灣覺得很美就命名 Formosa 一樣，葡萄牙語中的 Madeira 就是木材的意思。但我們一到島上沒有看到滿滿的木頭，倒是有許許多多色彩艷麗的花，不知道因為是南國的關係還是陽光特別亮眼，花朵的顏色都極為飽和，紅的鮮紅黃的亮黃，再配上葡萄牙風的藍白磁磚，很是好看。

葡萄牙人似乎很喜歡街頭塗鴉，在小餐館、咖啡館最集中的藝術街區 Rua de Santa Maria 裡的每扇門上，都裝飾著五彩繽紛的主題畫，可以漫步其中細細品味每扇彩繪門訴說的故事。走累的我們隨意在家小酒館坐下用餐，馬德拉的當地美食當然是海鮮，早先逛市場時看見有種產自深海大西洋其貌不揚的黑魚叫做 scabbardfish 也出現在菜單上，就點了來吃。我點的是烤魚淋上白醬，不怎麼特別，P點的是炸魚配上香蕉再淋上點甜甜的醬汁，沒想到意外好吃！用餐時點了杯當地產的白酒，喝了一口我頻頻搖頭，覺得在馬德拉酒的故鄉點白酒果然不智。

英國人與馬德拉德淵源頗深，又是因酒而起。現今生產馬德拉酒最著名的是布朗迪酒莊（Blandy’s），創始人約翰布朗迪（John Blandy）於十九世紀初期從英國來到馬德拉島，數年後成立一家貿易公司做進出口生意，後來他把弟弟Thomas跟George都找來馬德拉島開始生產及販售馬德拉酒，他們把馬德拉酒出口到俄羅斯、北美洲、歐洲跟自己的祖國－英國。之後這個生意就這麼世世代代傳下去，Brandy家族的接班人都會在英國著名私立學校受教育後回到島上經營家族事業，現任老闆Chris是家族第七代，是位有著陽光般笑容的帥哥，時至今日全球有一半以上的馬德拉酒都是Blandy's生產的。

馬德拉酒的源由也很有趣，十七世紀下半葉，英國東印度公司的船隻從倫敦出發後，在馬德拉大量購買桶裝葡萄酒放置船艙中，一路行向印度。經過漫長嚴苛的航程後水手們發現，桶裡的酒經過熱帶海洋日日夜夜的高溫洗禮，口感居然變得更豐富，同時還散發出堅果與葡萄乾的風味，這就是馬德拉酒的起源，而這個特殊的熟成過程就被稱為馬德拉化。

二十世紀的工業時代用這種傳統航運法來熟成酒變得不切實際，酒廠發明了高效的 Estufagem 蒸汽室法，通過溫度控制快速熟成，用來釀造大量的商業酒款。不過，優質的馬德拉酒繼續使用傳統的 Canteiro 熟成法。酒液會被放在木桶裏後堆疊到屋頂，模擬原始船商的加熱過程進行自然馬德拉化。在馬德拉島上 Blandy's 酒廠裡有導覽，可以聽完整的馬德拉酒介紹外還可以參觀 Canteiro 熟成酒窖，最後還可以試飲。馬德拉酒最大的特色在於無懼高溫和氧氣，輕輕鬆鬆可以保存上百年，二零一六年佳士得在日內瓦的拍賣會上成功賣出一八二零、一八二五、一八三零年生產的馬德拉酒。

參觀完了酒廠，喝到了喜歡的 Malmsey 馬德拉，這種口感甜美芳香馥郁的葡萄做出來的馬德拉酒甜度酸度適中，很適合拿來做餐後酒。不知道是馬德拉酒讓我微醺，還是久沒踏上陸地有點搖晃，在輕飄飄的南國夕陽裡，我們回到船上朝著下一站駛去。

上帝掉下的叉子—沃韋

Vevey

位於 Vevey 的飯店 Grand Hotel du Lac 房間可以俯瞰日內瓦湖外，餐廳裡也提供許多當地產的葡萄酒。

住在巴黎的好友S在Line的那頭，丟來訊息：

S：「好久沒有girls long weekend了，我們去哪走走吧？」

L：「當然好，去玩沒有不好的！妳想去哪？」

S：「嗯…想去有水的地方…」

L：「英國海邊？天氣太差，灰色的海越看越沮喪…」

S：「那…哪裡好？啊，瑞士！離妳我都近，有山又有水（湖）！好耶！　那飯店給妳選！」

半小時後，換我丟訊息給S：

L：「飯店就這間了，Grand Hotel du Lac Vevey」，依山傍水！」

S：「哇！這照片看起來很可以！Vevey…」

L：「日內瓦湖畔法語區的小鎮，說定囉！」

上帝掉落的叉子

兩個禮拜後的周末，我和S各自拉著行李出現在飯店大廳。給彼此一個大擁抱後我們的目光都被眼前的美景給吸住了，日內瓦湖上淡淡的霧氣中遠山如黛，悄然無聲，寧靜美好。迫不及待繞著湖邊散步的我們，大老遠就看到Vevey的地標 - 湖中巨大的叉子，它是瑞士藝術家Jean Pierre Zaugg的作品，是耶穌在用餐時不小心從天上掉落到湖裡的叉子。

走進一看，有個卓別林的雕像站在湖邊看著人群，S驚呼道：「哇！卓別林晚年定居在Vevey呢！他怎麼沒有回老家英國定居或是住在美國？」

L：「他的故居現在是卓別林博物館，我們去瞧瞧吧！」

S：「當然好啊！」

沃韋的卓別林博物館

第二天一早，S和我直奔山上的卓別林故居。老實說，對卓別林的印象除了喜劇泰斗外什麼也沒有，與其說是因為很喜歡他所以想去博物館，其實是Vevey這小鎮真的半天就逛完了啊！轉眼間，一棟坐落在大片綠茵中的白色洋房映入眼簾，四周環繞著高聳的松樹，隱約還看得見遠方的阿爾卑斯山群。

博物館的入口是電影院，播放卓別林的經典電影短片集，讓大家先回味大師的作品後，螢幕緩緩拉起，大家走進了卓別林當年在倫敦生活的街景。他和哥哥、媽媽居住在五坪不到的破爛小房間裡，可這樣"幸福"的日子也沒持續多久就因為媽媽發瘋，他被送進了孤兒院。

當過流浪兒、報童、雜貨店夥計、玩具小販、吹玻璃工人，遊藝場掃地工的他，在一九一二年隨同卡爾諾默劇劇團進入美國。二十三歲的他靠著精湛的默劇技巧、完美的銀幕形象逐漸成為聞名世界的喜劇演員。成長背景如此坎坷的他，在劇裡喜歡用小丑和販夫走卒等社會底層人物的角度出發，刻劃命運的淒涼與抗訴社會的不公是可以理解的。

然而，不同於一般粗俗喜劇的是，卓別林的電影是發人省思的，是笑中帶淚的，而最不容易的，是雅俗共賞的。包括諷刺戰爭的《從軍記》（Shoulder Arms），批判工業資本主義無情的《摩登時代》（Modern Times），尖銳諷刺納粹主義與希特勒的《大獨裁者》（The Great Dictator），再再藉由底層社會小人物的遭遇，以喜劇手法諷刺社會的弊端與不公。

而這樣在美國電影界發光發熱的喜劇泰斗又是怎麼到瑞士定居的呢？由於卓別林的政治立場始終左傾，一九一八年開始，美國政府就開始對卓別林特別「關照」。聯邦調查局（FBI）首任局長胡佛（John Edgar Hoover）曾指示建立卓別林的秘密檔案，一九三六年拍攝的《摩登時代》被懷疑是卓別林傾向共產黨的證據；而《大獨裁者》甚至遭到美國政府干涉，因為當時尚未參戰的美國不願得罪希特勒。

一九五二年九月，他與第四任妻子烏娜（Oona O'Neill Chaplin）帶著孩子前往英國宣傳《舞台春秋》時，美國政府宣布禁止卓別林再次入境。而最後，他決定舉家在歐洲中立國瑞士定居。

說到卓別林，他多采多姿的感情生活絕對也是亮點。一生結過四次婚的他，不管年齡如何增長，永遠都是娶十八歲的嬌妻。前三次婚姻都極其短命，終於在第四次婚姻裡找到一生的摯愛──烏娜（Oona O'Neill Chaplin），她是諾貝爾文學獎得主，名劇作家尤金．奧尼爾（Eugene O'Neill）的女兒，嫁給卓別林的時候十八歲，而卓別林五十四歲。據聞尤金氣炸了，再也沒有和女兒說過話。

卓別林和烏娜是真心相愛的，她在他身上找到了愛自己的父親，而他找到即使自己的名氣下滑也一直在身旁默默支持他的女人。他們的婚姻維持了三十四年生了八個孩子，兩人許多快樂的回憶在這座故居中隨處可見，當年的照片、信件、影片都傳達著深刻真摯的情感。

然而，就是因為愛的真切炙熱，卓別林過世後，烏娜哀痛不已酗酒度日，直到十四年後她也離世。這樣的愛情到底是喜劇還是悲劇？或許卓別林的這句話就是最好的註解：「人生用特寫鏡頭來看是悲劇，用長鏡頭看則是喜劇[1]」。是喜？是悲？又有誰能確定？

不為世人所認識的瑞士酒

沒想到卓別林博物館這麼豐富有趣的我，吃晚餐時腦子還在消化資訊。坐在對面的S突然說：哇，這酒好喝耶！S以前住倫敦的時候，約莫是半杯葡萄酒的酒量。移居巴黎幾年後，酒量進步神速不說，對酒也益發挑剔，一種直觀感性的挑剔。

經她這麼一說，我看了眼酒標上寫著Chasselas。對了！剛剛侍者問我們要喝什麼？我們請他推薦"地酒"[2]，他不加思索脫口而出說 Chasselas。這款白葡萄酒喝起來很難形容，果酸度沒有 Chardonnay 這麼明顯，香氣上也沒有 Gewьrztraminer 那樣芬芳，清爽度也沒有 Pinot Gris 那般輕快，可她喝起來非常舒服自在，所有元素都恰如其份適到好處。

自羅馬時代就開始種植葡萄的瑞士累積了千年的釀酒經驗，做出了很有層次跟深度的葡萄酒。Chasselas 是最古老的瑞士原生葡萄種，廣泛被種植在日內瓦湖河畔的產區 Vaud，主要拿來釀造白葡萄酒。她最大的特色就是沒有特色，主體性不強但整體性突出，就如瑞士這個國家般的不張揚但又讓人無法忽視其存在。瑞士酒在國際市場上不多見，並不是因為品質不好，而是因為產量不多，絕大部分在國內市場就被喝光了。

長周末小旅行很快就結束了，S 和我帶著滿滿的感受回到各自居住的城市，在飛機上的我想起卓別林的一句話：我們總是考慮的太多，感受的太少（We think too much and feel too little）。是的，只要用心去感受，我們會發現最好吃的餐廳不在米其林指南裡，最好喝的酒不在葡萄酒教父的行家認證裡，最有趣的景點不在旅遊暢銷書裡，所有那些能與我們心靈相通的才是最美好。而生命裡那些深熟慮在多年後不復記憶，可那些曾經觸動我們靈魂的瞬間，卻永遠不會逝去⋯

1 Life is a tragedy when seen in close-up, but a comedy in long-shot

巴黎倫敦愛很情仇

Paris

從倫敦到巴黎最快速便捷的方法不是飛機，是歐洲之星（Eurostar）高速火車，從 St Pancras 車站到巴黎的 Gare du Nord 只需要兩個半小時。

如果從倫敦跳上火車，兩個鐘頭後，往南的火車已經到了巴黎，而往北的火車離愛丁堡還很遙遠！倫敦與巴黎，兩個地理上相距不遠的城市，文化上卻是世界上最遠的距離，她們之間的愛、恨、情、仇，絕對是恨比愛多，仇比情長。除了歷史上數以千年的糾葛（英法戰爭就打了百年），兩國之間極大的民族差異也是造成倫敦巴黎如此不同的主要因素，她們到底有多不一樣呢？

倫敦人的日常是小酒館(Pub)，巴黎人的日常是小餐館(Brasserie)

歐洲之星到達巴黎時，下車後空氣裡飄盪的

是甜甜的烤麵包香，而在倫敦下車的旅客會先聞到陣陣炸魚跟炸薯條味，感覺在街上走久了那油膩都會黏到身上來。英國人最愛去的小酒館（pub）裡面都是最道地的英式食物，加了麥醋的炸魚和薯條是定番外，Kidney and Steak Pie（牛腎與牛排為內餡的烤派）、口感與台式香腸大不同的英國香腸佐馬鈴薯泥等等，都是這些不怎麼令人食指大動的英式餐點。而法國小餐館 Brasserie 裡吃到的也大多是巴黎市民常吃的傳統食物，洋蔥湯、韃靼生牛肉、諾曼地的生蠔、法式煎牛排、白豆油封鴨等等，配上香甜酥脆的法國棍子麵包，光用想像就讓人想流口水的法國餐點。

Lager or Ale 勃根地還是波爾多？

一走進英式小酒館首先印入眼簾的是一排 Beer Taps（壓生啤酒的龍頭）。英國人喜歡喝啤酒眾所皆知，而且他們喜歡喝現壓出來的啤酒，不是罐裝或瓶裝的啤酒。在 Pub 一個晚上喝掉好幾公升的啤酒司空慣見，慣見，Ale 是在英國才有的啤酒種類，跟德國風格的 Lager 比，Ale 口味有點苦也不冰涼，是喝起來有點溫吞的啤酒，就跟英國人不慍不火的個性相互輝映。

法國人不用說了，根本就是行走的葡萄酒。翻開巴黎餐館的酒單，看你要波爾多、勃根地、隆河還是亞爾薩斯的葡萄酒，任君挑選。酒單翻到眼花撩亂後更大的挑戰…就是，誰能告訴我這些酒莊的法文名字到底怎麼發音？通常最後只能隨手胡亂一指，完成點酒的動作，好在這國家好喝的葡萄酒實在太多，通常都不會喝到太糟的酒。

如果你覺得英國人只喜歡喝啤酒，那麼就錯了！英國人也很愛喝葡萄酒，但自己又不產（雖說這幾年英國有產些少量的葡萄酒），又這麼愛喝那怎麼辦？好在英國人自古就很會做貿易，於是他們從全世界各國進口葡萄酒，歐陸就是舊產區的法國、義大利、西班牙、葡萄牙、德國、奧地利等國，新世界產區的美國、智利、阿根廷，遠在大洋洲的紐西蘭、澳洲，英國人通通進口。喔，對了！還有南非、黎巴嫩跟以色列的葡萄酒呢。通常英國超市會照產地國將酒整齊有秩序地排列好，方便大家選酒，而英國提供的葡萄酒選擇之齊全，真的是讓只賣法國酒的法國無法望其項背。

然而，不論英國人還是法國人都無法抗拒的是香檳！只有在法國東北部香檳區生產的氣泡葡萄酒才可以被稱為Champagne，其他地區的氣泡酒都只能叫sparkling wine。根據香檳協會（The Champagne Trade Association）的統計，法國每年約生產約三億瓶的香檳，當中大概一半被法國人自己喝了，剩下的一半出口，而位居第一名的香檳進口國就是隔著英吉利海峽的英國！

倫敦妹愛繽紛色彩　巴黎女愛低調黑色

在台灣的書店走一遭，會發現談論法國女人的書都不外乎是《巴黎女人的衣櫃》、《巴黎女人的時尚經》、《法國女人不會胖》、《法國女人不花錢也優雅》諸如此類的書，彷若法國女人各個天生都吃不胖，舉手投足都很優雅。然而，很不幸的她們並沒有教會自己鄰居——英國妹如何優雅與苗條（畢竟在書店我們是絕對找不到《英國女人很優雅》這類的書），但這也不能全然怪英國妹時尚品味不夠好，畢竟她們本來就屬於人高馬大的安格魯薩克遜人（法國人是高盧人），再加上英國食物以炸物居多再配啤酒，真的只能離苗條越來越遠。

除了體型外，這兩個城市的女人們對顏色的喜愛也是天壤地別。巴黎女人喜歡黑色、白色、灰色這些大地色的衣服，配上顯眼的包包、精緻的首飾、有質感的絲巾達到畫龍點睛的效果。倫敦女人則是勇於嘗試各種鮮豔的顏色跟花色，七零年代的龐克風可是先從倫敦開始的，在倫敦打扮妳的風格可以前衛可以復古，絕對不會有人露出奇怪的眼神打量妳。看看高齡九十多歲的女王奶奶曾經亮相過的各色套裝，是不是比你我的衣櫃都更五彩繽紛呢？

雖然英國人和法國人抵死不會承認彼此有任何一丁點兒的相似，但在我這台灣人的眼裡，倫敦與巴黎都是高度成熟、豐富世故、復古又創新的文明之都，永遠提供極有廣度、密度與深度的文化體驗給來自世界各地的旅人們。每次去巴黎的時候，總是被她的美驚艷，五感都得到極度的滿足。回到倫敦的時候，這個城市的沉著洗鍊，有讓我心沉靜下來的魔力。倫敦與巴黎，從來就不是選擇題，她們各具不同魅力，文化底蘊豐富，都是值得細細品味體會的城市。

雞尾酒裡的爵士樂 New Orleans

New Orleans

除了嘉年華會（Mardi Gras）外，纽奧良爵士音樂節（New Orleans Jazz & Heritage Festival）也是造訪紐奧良的絕佳時候，爵士音樂節於每年 4 月 24-5 月 3 日的兩個週末裡舉行。

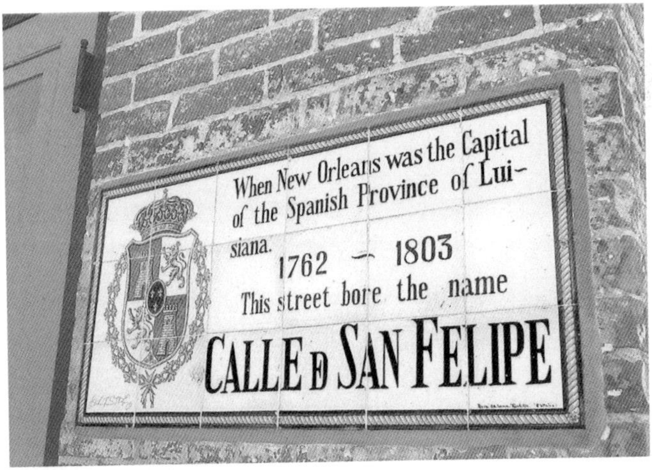

紐澳良老字號爵士演奏廳 Perservation Hall

因為工作的關係P總能知道倫敦哪裡有新酒吧，每每發現水準以上的酒吧他就會帶我去探險。幾年前他帶我去在東倫敦的NOLA，這個酒吧的入口很神秘，在樓下那間實在不怎麼樣的Pub的某個門後面。P說：來NOLA一定要點紐奧良經典調酒Hurricane。我說：為什麼是紐奧良呀？P說：紐奧良（New Orleans）在路易斯安那州（Louisiana）縮寫就是NOLA，妳看這酒單上很多紐奧良的經典調酒哪。這才恍然大悟的我又說：可是紐奧良有名的不是辣雞翅嗎?!怎麼是雞尾酒?!笑岔氣的P說：紐奧良可是雞尾酒起源之都，我在那住了八年非常喜歡，是座非常有魅力的城市呢，下次帶妳回去看看！

隔年三月，P約了以前在紐奧良認識的好友，現在住在加州的羅斯夫婦，一起回紐奧良過嘉年華會（Mardi Gras）。出發前的我很是期待，就上網蒐了紐奧良，結果出現的不是什麼全美治安前三差，最貧窮的城市，就是什麼被卡崔娜颶風（Katrina Hurricane）摧毀的城市之類，怎麼樣也跟”有魅力“扯不上邊的形容。在飛機上P耳提面命的跟我說：紐奧良好區壞區差很多，羅斯他們家在好區但幾條街外就是壞區，如果不是當地人是不會知道的，妳千萬不能自己在外面趴趴走，一定要跟著我才能出門。我聽了之後又想，所以"有魅力"的地方到底是…

飛機到的時間是晚上，羅斯來機場把我們接回家，路上聽著他熱情的南方口音讓我想起了好客的南台灣鄉親。暗黑的夜晚，我沒見著紐奧良的面貌，可還不到午夜就已經聽到多次警車呼嘯而過的警笛聲，我想或許網路上說的是對的…第二天一早，迫不及待想去冒險的我要P趕緊帶我出門，他說：今天帶妳去聖查爾斯大道（St Charles Avenue）上看豪宅！

在花園區的聖查爾斯大道在一八三零年代之後開發，是美國南部現今保存最完整的歷史豪宅群。這些仿歐風的花園洋房是歐洲房子的好幾倍大，真的是氣勢磅礡，讓人看到目不暇給，從每家的超大落地窗看進去，彷彿可以看到十九世紀時的繁榮富裕，也不難想像當時住在這些豪宅裡的富有白人家裡應該都有許多黑奴。時至今日，這些大房子裡住的還是富裕的白人，黑人住在這城市的貧民區，整座城市還是很分裂，過去的幾百年間階級與種族之間並沒有流動。

紐澳良 St Charles 大道上如宮殿般的豪宅

紐奧良有著顛簸的歷史，一六八三年被法國探險家 Robert Cavelier, Sieur de La Salle 發現後，法國密西西比公司（French Mississippi Company）在此建城，也就是現今的 French Quarter，為向當時法國攝政王紐奧良公爵（Duke of Orleans）致敬，取名紐奧良（New Orleans）。在一七六二年法國與西班牙秘密簽訂的楓丹白露條約中被割讓給西班牙，一八零零年再度回歸法國。可在西班牙治理期間紐奧良發生兩次大火，幾乎把原來法式建築全數燒毀，現今古城區的房子都是西班牙人重建的。

命運多舛的紐奥良在文化上非常豐富多元，有受到美國原住民、法國人、西班牙人及非洲人的影響，飲食風格也非常多樣化，加上海產豐富，美食多到令人驚喜連連。連美國文豪馬克．吐溫（Mark Twain）都說：「紐奥良的食物好吃到近乎罪過[1]」。幾乎隨便走進一家餐館都不太會踩到地雷，當地美食走的是濃郁、熱情、豪邁的風格，辣雞翅完全不見蹤影，有油炸生蠔、蝦仁、螯蝦或烤牛肉為內餡的 Po-Boy 三明治，用奶油麵糊為基底，跟大量海鮮、蔬菜燉煮後加入 Cajun 香辣粉調味而成的海鮮 Cajun，類似茄汁海鮮、辣香腸跟雞肉綜合炒飯的 Jambalaya，另外還有像炸雞米花的炸小鱷魚球（Alligator）。

這次我們來紐奥良歡度的嘉年華會（Mardi Gras）是受法國影響而開始的節日，在法文裡是指「肥美的星期二」，復活節前四十天，基督教徒依照傳統會齋戒苦身，紀念當年荒野禁食的耶穌。在紐奥良是以瘋狂嘉年華會的方式慶祝兩周，是當地最具代表性的節慶活動。每天都有許多的花車遊行（parade），看遊行時不能呆呆地看，要搶從花車上朝著人群丟出的彩色珠串，這些珠串以紫色、綠色和金色為主，分別代表公正、信念和權利。有時候會有些造型特別的珠串，撿到珠串後往自己身上戴，遊客們會比誰身上的珠串最多最特別。

紐奧良的狂歡奔放與酒精、音樂脫不了關係。在一九四零年左右二次大戰爆發後，美國進口威士忌日益艱難，供應商不斷地對酒吧老闆們施壓，如果要買搶手的威士忌那就要一起購入大量的蘭姆酒（Rum）。當時 Pat O'Brien's 這間酒吧為了要消耗大量購入的蘭姆酒，創造出混合著大量蘭姆酒和新鮮果汁的雞尾酒。為了方便上岸喝酒的水手把酒外帶，雞尾酒被裝在防風燈罩（Hurricane Lamp Shade）造型的玻璃容器內，就被取名為 Hurricane。

P 沒有帶我去 Hurricane 的發源酒吧 Pat O'Brien's，他帶我去了一八八六年建造的蒙特萊昂酒店（Hotel Monteleone）露天大廳酒吧 Carousel Bar，整間酒吧是座在轉動的旋轉木馬，很美很夢幻，還有說不出的孤獨感。我像個小女孩一樣坐在位子上，手上拿的不是蘭姆冰淇淋而是 Hurricane，邊喝邊隨著旋轉木馬看著這座人群散去的遊樂場。

除了雞尾酒，紐奧良也是充滿爵士樂的城市，處處都有樂手表演，其中最經典的是典藏廳（Preservation Hall）。這間一七五零年在法語區蓋的破爛小屋是紐奧良傲人爵士樂的發源地，孕育出許多像路易斯·阿姆斯壯（Louis Armstrong）這樣家喻戶曉的爵士樂大師。紐奧良的爵士樂不是法國爵士女伶的慵懶呢喃，聽著台上那些頭髮花白的爺爺級爵士樂手唱著美國南方的醇美樸實，唱著屬於黑人的靈魂悸動，在這燈光昏暗牆面斑駁的小演奏廳裡，彷彿時光不曾改變。

早在被印地安人佔領開始，狂野不羈的性格已在紐奧良這塊土地上扎了根，十七世紀被法國人發現後幾經易主，各國文化在此交會融合，發展出她獨樹一格的魅力。她，就像個燒著一手好菜的黑女人，興致來了就唱上兩首爵士樂。她，沒有歐洲仕女的優雅矜持，也沒有拉丁女郎的狂野放縱，卻是絕對的性感撩人！

1 New Orleans food is as delicious as the less criminal forms of sin

粉紅色的天空之城－ Cordes

Gordes

在天空之城 Gordes 的飯店 La Bastide de Gordes 裡的餐廳 Puir 是米其林三星主廚 Pierre Gagnaire 的餐廳。

在普羅旺斯的陽光裡喝杯 Rose

彼得·梅爾（Peter Mayle）的《山居歲月：我在普羅旺斯，美好的一年》讓全球無數讀者愛上迷人的普羅旺斯。梅爾用幽默詼諧的文筆，敏銳的觀察力，把普羅旺斯的四季風情和鄉土民俗生動描繪出來，他對生活細節的各種描述與對鄰人的細微觀察讓他筆下的普羅旺斯生動鮮明。梅爾還有英國人與生俱來的幽默，這種幽默感通常以不著痕跡的方式出現在英國人的日常生活裡，大部分用戲謔、揶揄、諷刺、自貶或挖苦的方式表達出來。

這本書寫一個浪跡紐約十五年的廣告人（就是梅爾本人），終於受不了高壓上班族生活與紐約的浮華世故，在年近五十歲之際與妻子搬到南法普羅旺斯，夢想中的第二人生從整頓一棟兩百歲的古老小屋開始。從現實的角度來看，在歐洲只要跟水電工、油漆工、裝修工打交道，都是惡夢的開始。因為他們不但講著你聽不懂的「專業術語」也不會準時上工，而且施工期間絕對有各式各樣意想不到的問題發生，讓工期沒完沒了。

這些事梅爾全遇上了，如果在自己的國家英國遇到這些事都已經夠讓人沮喪了，更別說是在人生地不熟，想破口大罵都有語言障礙的法國。可這所有的鳥事都被梅爾妙筆生花寫成生活趣聞，他那英國人特有的詼諧機智，尖酸諷刺常常讓我讀到大笑出聲。例如，他是這麼形容南法人對時間的概念[1]：

「…不到一刻鐘意指今天某時刻，明天是指本周某一天，而最有彈性的時間詞莫過於『再十五天了』，這可能是三周兩個月或明年，可絕對不是十五天…」

又，他是這樣形容法國人的開車技術：

「…但是法國駕駛人認為讓路太沒志氣，他們覺得自己應該隨地停車造成他人最大的不便，及在視線不良的彎道超車，才有公德心。他們常批評義大利人是危險駕駛，我倒是認為晚上餓著肚子在公路上飛車的法國人，才是真正的瘋狂殺手…」

單看這些文字，可能會以為梅爾是位憤世忌俗的大叔，但這種「尖酸刻薄」其實正是英式幽默的精隨。《山居歲月》讀起來輕快明亮，舒服自在，讓人覺得好像身處在普羅旺斯般，心情都愉悅飛揚了起來。梅爾的另一本書《戀戀酒鄉》被知名大導演雷利．史考特（Ridley Scott）改拍成電影《美好的一年》（A Good Year）。

羅素．克洛（Russell Crowe）飾演在倫敦金融城工作的市儈股票交易員Max，住在普羅旺斯的叔父過世後留給他一座葡萄酒莊園，那是無父無母的他童年時和叔叔居住的莊園，裡面充滿小時候與叔叔的回憶…可比起花上工夫與時間種葡萄跟釀酒，滿腦子想快速賺錢的Max只想把莊園賣掉大賺一筆。

再度踏上普羅旺斯的Max處理莊園的過程中，自稱是叔叔私生女又對釀酒極有熱誠的Christie突然出現，根據法國法律她才是莊園法定繼承人。餐廳老板娘Fanny（由法國影后瑪莉詠．柯蒂亞Marion Cotillard飾演）莫名其妙鑽進Max的心理。這部電影就跟梅爾的書一樣，沒有高潮迭起的劇情，也沒有可歌可泣的愛情，可那俯拾皆是幸福的美好生活方式隨著電影裡的光線、音樂、律動、氣息，輕輕柔柔地感染了觀眾。

雖然劇中 Max 繼承的是生產紅葡萄酒的莊園，在電影裡許多場景可以看到餐桌上擺的大家喝的其實是粉紅葡萄酒 Rosé。普羅旺斯豐富的石灰岩地質及乾燥舒爽的地中海型氣候是很適合栽種葡萄的，早在西元前六百年，腓尼基人就在這種下了第一株葡萄樹。現今普羅旺斯是法國最大的 Rosé 產區，在這裡 Rosé 不是用紅白葡萄酒混出來的，而是用生產紅酒的黑皮葡萄，例如：Cinsault、Syrah、Cabernet-sauvignon、Tibouren 等釀製出來。

首先把這些黑皮葡萄壓碎後，讓葡萄皮短時間內和葡萄汁接觸，通常是2－20小時內。在這個過程中葡萄皮會把酒染紅，然後將葡萄汁裡的葡萄皮去除後發酵，放置在不銹鋼桶中製成。Rosé 是屬於夏天的酒，是屬於普羅旺斯的酒，酒體通常是輕盈的（單寧較少）、易飲的、新鮮的、年輕的，適合搭配各式食物。喝起來讓人毫無負擔，就像普羅旺斯的陽光般，輕鬆舒服又自在，絕對是炎炎夏日裡的首選。

《美好的一年》這部電影在普羅旺斯很多小鎮取景，Max 繼承的莊園是 Bobbieux 附近的 Chateau la Canorgue，他和 Fanny 第一次約會那浪漫到讓人屏息的水池露天電影院在 Cucuron，是座綠蔭蔥蘢很有靈魂的池塘，而 Fanny 工作的小餐館是在 Cordes 的 Le Renaissance，因為這部電影的關係，將無數的遊客帶入 Gordes 這座讓人醉心的中世紀山城。

曾獲 CNN 票選全世界最美城鎮的 Gordes，地處丘陵地帶，石造的房舍在山頭邊櫛比鱗次排列著，層層疊疊到山頂，遠看好似座懸浮在藍天裡的天空之城。這座居民不到兩千人的小鎮，若是能避開旺季時造訪，真的非常安靜祥和。鎮上有間由十八世紀的石屋改建而成的飯店 La Bastide de Gordes[2]，位於山巔制高點，飯店裡每間房都有極好的景致，每個窗框看出去的晨曦落日永遠美的像幅畫。

在普羅旺斯你無須是百萬富翁，也能享受生命的美好寧靜，來杯當地的Rosé，佐當季新鮮食材燴製的簡單料理，好好享受那穿透扶疏綠葉灑落在身上的陽光。如果你恰好喜歡和自己獨處，喜歡平和安靜，喜歡閱讀散步，在La Bastide de Gordes住上幾宿，看著壁爐裡劈哩啪啦地柴火，嗅著空氣裡若有似無的香水百合，讀上梅爾的《山居歲月》，人生、夫復何求呢？

1 彼得．梅爾《山居歲月：我在普羅旺斯，美好的一年》韓良憶譯

2 La Bastide de Gordes 飯店：https://gordes.airelles.com/home/

在最好的時刻相遇－ Bordeaux

Bordeaux

位於 St Emilion 的飯店 Hostellerie de Plaisance 裡的餐廳 La Table de Plaisance 是主廚 Ronan Kervarrec 榮獲米其林二星的餐廳。

說到法國葡萄酒，波爾多的地位絕對是在神壇上，是全球藏家追捧的頂級法國葡萄酒代名詞，而這個非常法國的標竿品牌背後與英國卻有深厚的關係…

這淵源要從十二世紀中說起，與法王路易七世離婚後，當時阿基坦公國（Aquitaine）的女公爵雅麗耶諾（Eleanor）改嫁英王亨利二世，經由這次聯姻現在波爾多所在的阿基坦公國成為英國領土。直到一四五三年英法百年戰爭結束後，這三百年間，波爾多葡萄酒都是運回英國本土供皇室貴族飲用，擅長海上貿易的英國人為了方便運輸，積極開發海港城市波爾多（Bordeaux），還幫波爾多葡萄酒取了特別的名字叫 Claret（英國人至今還是稱波爾多葡萄酒 Claret）。

除此之外，英國人還建立波爾多葡萄酒的銷售制度，酒莊（Chateau）生產的酒都是透過 Merchant Houses 出口到其他國家，不是直接賣給消費者，而這些 Merchant Houses 幾乎都是英國人所有。當時生產葡萄酒的酒莊是法國貴族所有，他們並不擅於經商，由這些擅長貿易的 Merchant Houses 負責販售，也替貴族解決商業問題。不僅如此，Merchant Houses 在葡萄酒釀好當年就購入，提供酒莊足夠現金維持營運生產，陳年期間的資金成本也由 Merchant Houses 全數負擔。

十八世紀初起為了拓展波爾多的市場，英國人開始將波爾多酒賣給英國及歐洲其他各國慢慢崛起的中產階級。從波爾多發展史可以看出，自古以來波爾多葡萄酒就是以貿易為主，所以在國際市場上知名度極高，時至今日也是如此。在一八五五年導入波爾多葡萄酒分級制（The 1855 Classification of Bordeaux Wine）後，波爾多酒莊共分五級，最高級的是一級酒莊（Premiers Crus），在嚴謹的分級制度下，國外買家就算對波爾多葡萄酒了解不多也無須太擔憂，按照酒莊分級買入通常品質都有一定保證，可缺點就是價格永遠是居高不下。

幾年前的早春，與閨密造訪被稱為波爾多最美產區的 St Emilion，是座極美的山城，在遊客還未如潮水般湧入的早春，葡萄藤的枝椏還有著冬天的遺跡，天很藍風很清，時間緩慢地在山城外流動著……我們住的飯店 Hostellerie de Plaisance[1]，跟著山勢起伏上上下下，很有風情。飯店前的大露臺有著俯望整座山城的絕佳視野，由上往下看城裡的遊客熙熙攘攘，很像在看部電影。

對不諳法語的遊客來說 St Emilion 觀光局的網站[2]非常實用，裡面有英文版介紹附近的酒莊跟參訪行程，事先訂好即可。由於 St Emilion 很小，大部分的酒莊都在外圍需要開車，通常行程上會寫跟司機約在哪相見，可能是飯店櫃台或是某店家門口。司機與參訪的酒莊工作人員都會講英文，很容易溝通。忘記那個周末拜訪了幾間酒莊，可是記得沒有喝到特別喜歡的酒。

城裡三步一間酒商店，都是賣著當地或是鄰近產區的波爾多酒，可能是因為旅遊旺季還沒到來，每位店家都可以花上大把時間細細分享他們對波爾多葡萄酒的愛戀癡顛，也讓我們試飲了許多酒。有些酒嚐起來好似在青春期的叛逆少年，讓人想著或許再幾年後再見他會更精彩，有些像是已邁入衰老期的遲暮老人，讓人惋惜沒在他人生最精彩的時候遇上。很多時候店家會說，這酒買回去再擺上幾年就會是最佳試飲期，而且會更值錢喔。可看著這些動輒上百歐元的酒，我想如果都花這麼多錢了，應該要現在打開就很好喝的啊，還要等多久……

就在我們試酒試到意興闌珊時，我注意到店裡有個區域放了許多雅馬邑（Armagnac），眼睛一亮的我指著那些雅馬邑問到：「那些也能試飲嗎？」老闆豪氣地說：「當然！」然後從櫃子裡拿出五、六款不同年份的雅馬邑給我們試喝。比起大家熟知的干邑（Cognac），小眾市場的雅馬邑更得到我的喜愛。雅馬邑的產區是法國西南部的 Gascony，就在波爾多隔壁難怪這裡的店家也賣雅馬邑。

干邑絕大部分都是出口到世界各國，尤其亞洲居多，雅馬邑則大部分都被留在法國自己喝。雅馬邑不像干邑區有類似軒尼詩和人頭馬這樣的大型知名生產商，以小酒廠居多，口感上不若干邑細緻滑順卻更加豐富且個性鮮明。老闆拿出的年份干邑從九零年代、七零年代到六零年代都有，喜歡沉穩木質香的我最後選了一九六二年的，喜歡年輕活潑口感的閨密選了二零零二年的雅馬邑，兩種完全不同的酒各自擄獲我們的心。從波爾多帶回喜歡的雅馬邑，心裡很是開心，每次喝這瓶雅馬邑的時候都會想起那座很美的山城。

常有人說：老酒比較香醇好喝。這話對也不對，在陳年的過程中，有隨著歲月增加的東西，也一定有隨著歲月減少的東西，最終只是個性不同而已。無關好壞，自己喜歡的就是最好。雅馬邑也好波爾多也是，若不是在對的時機與他相遇，我們也不會看到他最美好的樣子。

---

1 Hostellerie de Plaisance 飯店 https://hostelleriedeplaisance.com/

2 St Emilion 觀光局的網站 https://www.saint-emilion-tourisme.com/uk/

知性優雅的黑皮諾

Burgundy

勃根地最著名的黑皮諾（Point Noir）堪稱是世界上最嬌貴難種的葡萄種，釀出來的酒顏色淡，丹寧少，非常雅致，含着淡淡的胭脂味，結構複雜且氣質優雅。

某個晴朗的五月天，三個女人和一個小女孩駕車出了巴黎城，一路往法國的葡萄酒聖地勃根地駛去。五月，不是葡萄園農作最繁忙的季節，車子在法國鄉間小路上朝著金丘區（Cote d'Or）奔馳，兩旁的葡萄園空無一人，這塊位於勃根地台地和蘇茵河平原交接綿延六十公里的面東山坡——金丘區，是勃根地最精緻的葡萄酒精華產區，這裡的偏寒氣候跟石灰岩土壤非常適合種植史上最嬌貴難搞的葡萄 - 黑皮諾（Point Noir）。

勃根地葡萄酒跟波爾多的最大差別在於，勃根地是單一品種葡萄酒而波爾多是混合品種葡萄酒。簡單的說，勃根地紅葡萄酒都是黑皮諾做出來的，而波爾多則有卡本內蘇維翁

（Cabernet Sauvingon）、梅洛（Merlot）、卡本內弗朗（Cabernet Franc）等等多種產自當地的不同葡萄混製而成。由於在勃根地光是單一葡萄就必須好到可以釀出優雅均衡的葡萄酒，因此怎麼把葡萄種好就是非常關鍵的因素。

勃根地在生長葡萄的自然環境上有得天獨厚的條件，從侏儸紀時期就留下的沉積物、石灰質黏土，是黑皮諾最喜歡的土質，確實可以孕育出品質上等的葡萄。而身處歐洲海洋氣候與大陸性氣候的交界區，對勃根地葡萄農來說是福也是禍。歐洲溫帶海洋氣候剛好提供足夠的溫暖種植出像黑皮諾般優雅精緻的葡萄。可大陸性氣候帶來的寒冷，讓當地的葡萄不像在地中海沿岸般隨便種都可以長得好，不細心呵護是不行的。

在金丘區即便是相鄰地塊也有不同的土壤結構，在這種特殊的風土條件下，勃根地不適宜大規模商業種植，多是小農自擁葡萄園的獨立酒莊。葡萄園的面積不大，從耕作到釀造都是自家人處理，葡萄園的風味及莊主的個人風格鮮明。因為葡萄的品質在勃根地如此重要，所以在勃根地的分級制是用葡萄園來分級，而波爾多是用酒莊來分級。勃根地強調葡萄園的不同風土，波爾多著重酒莊的風格差異。

黑皮諾（Point Noir）堪稱世界上最嬌貴難種的葡萄種。她釀成的酒顏色淡，丹寧少，非常雅致，含着淡淡的胭脂味，結構複雜且氣質優雅，是非常值得用味蕾細細去探索的葡萄酒。黑皮諾脆弱多病，容易對環境適應不良，情绪十分不稳定，難應付的程度就跟個刁鑽千金一樣。可她細緻高雅，還是讓許多愛酒人為之傾倒。年經時的黑皮諾葡萄酒有櫻桃、玫瑰、紫羅蘭和草莓的果香，陳年後（據說）有濕土、雪茄、蘑菇以及巧克力的味道。為什麼據說，因為甚少黑皮諾會放上數十年後才喝的。

在金丘區獨立小酒莊林立，雖說這裡是黑皮諾最好的產區，並不代表這裡出產的全部是好酒。反倒是因為沒有像波爾多般嚴謹地分級控管制度，各酒莊品質良莠不齊，挑酒時還是要選口碑好的酒莊為上。同行的 Maki 姐已經在法國住了二十多年，她帶我們去了家熟識的小農，哲維瑞——香貝丹（Gevrey-Chambertin）世代相傳的 Les Journeaux 試飲。

金丘區很多小酒莊都是對外開放的，雖說是酒莊，基本上就是莊主他家，試飲的地方就在他家後院的小房間。當我們踏進 Les Journeaux 後院時，跟專業量產酒廠人聲鼎沸的旅客中心截然不同的是半個人也沒有，只有隻小花貓悠閒的躺在地上曬太陽。Maki 姐用法文喊了幾聲：「有人在嗎？」，半晌之後終於從遙遠的另一頭傳來回應。

接著老闆本人就來了，和 Maki 姐一陣寒暄後老闆拿出他最自豪的幾款酒放在桌上，兩款二零零九年跟一款二零零八年的黑皮諾。二零零八年的黑皮諾嚐起來像個嗆辣有個性的小姑娘。二零零九年其中一款像是位拘謹的閨秀，舉止秀氣但就稍嫌無趣。另一款綜合了兩者的優點，香氣奔放優雅又有層次，得到三個女人的一致讚賞。而且價錢令人驚喜，約莫十多歐元，Maki 姐二話不說買了幾箱放進後車廂裡。

多年後，在葡萄酒專業雜誌上讀到，二零零九年勃根地雨量分配平均，葡萄在生長過程中沒有缺水壓力，酒體呈現平衡勻稱的風格，是勃根地最好的年份之一。好懊悔當時沒有搬幾箱回倫敦，但也很開心在還沒被藏家追捧之前，就喝過了這最好的年份。

久享盛名的金丘區沒有甚麼宏偉的房子，都是世代居住在此的農宅，不像波爾多的 Medoc 區，到處可見十八世紀的豪奢華麗莊園。勃根地，雖是極富盛名的葡萄酒產區仍然讓人感覺到單純而鄉土，在淡淡的五月天裡，在旅遊旺季來臨之前，寧靜的村落裡連行人都不見蹤影。而，就是這份純樸與安謐，更加豐富了旅人的味蕾、心和靈魂。

兩天後，我們的車子又在同樣的鄉間道路上急駛，這次路的盡頭是巴黎。我知道回到紛紛擾擾的城市後，不用多久又會被這恬然淡定的鄉間招喚回來。這次旅行出發前，對勃根地、對黑皮諾一無所知，許多年後，旅行過很多城市後，這次的勃根地之旅仍然在心頭縈繞不去，不經意地在旅程中遇見自己喜歡的酒，就像偶然遇見喜歡的人一樣，心裡的那種悸動多年之後依舊如初。

義大利國民飲料 Spritz

Trento

Spritz 是北義夏天的國民飲料，完美調製比例是氣泡酒（Prosecco）：柳橙苦酒（Aperol 或是 Campari）：蘇打水=3：2：1。

義大利，是我最喜歡的歐洲國家。夏天的時候，天空藍到像塊畫布，一擰，湛藍色的染料就會從畫布上滴下來。性感狂野的時尚，色香味俱全的美食，前凸後翹的美女，陽光笑容的帥哥，全都在這個讓人視覺味覺美不勝收的國家裡。十三歲就認識的摯友 FJ 嫁義大利老公豆豆，就住在這風情萬種的國家。幸運如我，每次去義大利都有她帶著我吃吃喝喝，我的義大利回憶總與她有關。幾年見上一面的我們，總能在最短的時間內重新進入對方的內心世界，迅速地把這段空檔裡對方的人生大小事補上。

數不清和她一起享用過多少義大利地道美食，印象最深刻的是有次去 FJ 在羅曼尼亞省（Romagna）的公婆家做客，義大利媽媽的廚房裡總是香味撲鼻，風韻猶存的豆豆媽在廚房裡忙進忙出，從早上就開始準備晚餐，把整鍋番茄蔬菜和小牛肉放在爐上用文火慢燉。好友偷偷跟我說：「我婆婆做菜好吃是有訣竅的，別小看那些食材，肉就不用說了，是跟市場裡品質最好的肉攤買來的。連那些蔬果都是她買了幾十年的當地農家天天選好放在家門口的。」

聞了整天燉肉香飢腸轆轆的我，好不容易盼到令人期待的晚餐時刻，那濃郁軟爛入口即化的燉小牛肉，被我火速完食，豆豆媽見我好食慾，又添了一盤給我。然後端出起司菠菜麵餃佐番茄醬汁，這麵餃從外皮到內餡都是豆豆媽純手工製做，濃稠鮮美的番茄醬汁也是她用一顆顆新鮮番茄精心熬煮出來的，我又嘴饞地整盤吃完，此時我的胃已經撐成兩倍大，整盤吃完的獎賞就是再來一盤！在我的胃撐成三倍大之後還有甜點，今天甜點簡單吃，豆豆媽沒烤蛋糕（呼！鬆了一口氣！），當季的新鮮草莓淋上當地產的葡萄酒再灑些糖，味道棒極了！遠來是客，我得到最多草莓，這頓飯吃完，我簡直撐到整個人站不起來。

在歐洲義大利媽媽的好廚藝遠近馳名，果真名不虛傳。而且她們對做好吃的料理給家人吃這件事的熱誠，並不會因為天天在廚房裡忙進忙出而消耗殆盡。除了料理充滿愛之外，豆豆媽的熱情款待也讓食物加倍可口，她的好客讓我想起我家媽媽每次也是猛夾菜到客人碗裡，有種熟悉的溫暖爬上心頭。

要離開的那天，豆豆媽怕我們路上餓，煎了 PIADINA 餅給我們帶在路上吃。這又讓我想起南投的奶奶，每次從南投回台北，她總會幫我們準備包子、草仔粿、肉粽讓我們在路上不會餓著。豆豆媽做的 PIADINA 餅是羅曼尼亞省的傳統食物，就是將家裡廚房剩的麪粉拌豬油，加水、牛奶，發粉及小蘇打粉攪拌後煎成麵餅。聽起來好似簡單其實一點也不！做菜的人都知道，材料越少、調料越簡單的菜要好吃，真的只能憑真功夫。豆豆媽在廚房搓麵糰時，我在旁邊好奇張望，一心一意想要問出食譜，回倫敦後可以自己做來吃。

結果，義大利媽媽的食譜不外乎是，差不多就這個量，大概就這個比例，約莫再等個幾分鐘，她們講的是經驗值，不是精準度，聽得我不得不放棄。

當豆豆媽開始在爐上煎麵餅時，小麥的香氣迅速飄散在屋裡混著慈母的無限愛心，咬口剛煎好的餅，極其簡單的口感卻是超乎想像的好吃。豆豆媽裝了一大袋餅給我，細心吩咐剩的可以放在冰箱，想吃的時候拿出來煎熱就可以，結果飛機還沒降落倫敦，我已經把餅全吃光了。

有次是夏天的時候去找ＦＪ玩，那時她在北義的 Trento 攻讀腦科博士，在火車站一接到我，她就帶我直奔露天小酒館說：「我們點杯 Spritz 來喝！」。那是我第一次喝到這種帶著微微苦味的橘色雞尾酒，我記得那天酒杯裡透出的橘在金黃色的陽光裡煞是好看。這橘色雞尾酒可是北意最受歡迎的夏日特調，根據 Campari 公司統計，光是北義在夏天每天可以喝掉三十萬杯的 Spritz，稱它為「國民飲料」完全當之無愧。

Spritz 的名字源於十九世紀義大利北方威尼托區（Veneto），當時此區在奧地利帝國哈布斯堡王朝的統治之下，帝國的奧地利士兵、商人、外交官和僱員對威尼托區高酒精濃度的葡萄酒接受度不高，飲用時會請酒館在葡萄酒中噴點水（德文是 spritzen）。二十世紀初才開始用柳橙利口酒調製，現代版 Spritz 主要由三種原料調配而成，義大利生產的氣泡酒（Prosecco）、甜味苦酒（Aperol 或是 Campari），再加上氣泡礦泉水或是蘇打水，建議比例是氣泡酒：柳橙苦酒：蘇打水＝3：2：1。

Spritz 是義大利最受歡迎的低酒精度餐前雞尾酒，愉悅明亮的澄橘色，柑橙的甘味和略微的苦澀完美結合，在夏天喝起來很是清爽。在北義的露天咖啡廳或是小酒館裡，幾乎是每桌必點的夏日飲料。在意大利，Spritz 不只是雞尾酒，更是意大利休閒文化的精神象徵，好像夏天就該邊喝 Spritz 邊揮霍陽光。Spritz 是正餐前的開胃酒，正式用餐時不會搭配，還是以葡萄酒為主，也很少當餐後酒飲用。

或許因為都是橘色系也都是在夏天喝，Spritz 讓我想到英國人夏天最愛喝的

Pimms。英國人有多愛 Pimms 呢？根據調查，光是溫布敦網球賽期間就可以喝掉三十六萬杯之多。Pimms 是以琴酒為基底的加味利口酒，它的調酒做法很簡單，把 Pimms 倒入裝滿冰塊的玻璃壺加入約莫三倍的檸檬汽水，再加入切好的當季蔬果（草莓、柳橙、小黃瓜等等），撒上新鮮薄荷葉攪拌攪拌，清新爽口的 Pimms 就完成了。英國人整個夏天都在喝 Pimms，溫布敦網球賽也喝皇家賽馬會也喝，去 Pub 也喝在家 BBQ 也喝，英國夏天如果少了 Pimms 就像台灣夏天少了芒果冰一樣不暢快。

Spritz 是很隨興的調酒，酒譜嗎？大原則有抓到就好，想用高長型的柯林杯（Collins Glass）、傳統杯、雞尾酒杯、高腳杯裝都沒問題，喜歡用柳橙切片還是橄欖裝飾也悉聽尊便。Pimms 也是很隨意的調酒，通常胡亂調成一大壺，裡面愛加什麼水果全憑個人喜好，要用什麼杯子喝也沒規定，開心就好。Spritz 跟 Pimms 都是輕鬆自在喝起來沒有壓力的調酒，或許這就是它們最大的魅力所在。畢竟，平日裡工作跟生活就已經壓力夠大，下班後誰還想正襟危坐故作嚴肅的喝酒呢？

歐亞交界的明珠—伊斯坦堡

Istanbul

蒸餾廠改建的飯店 Sumahan on The Water 就在博斯普魯斯海峽旁邊，有著絕美海景。

說到土耳其與歐洲的愛恨糾纏，那可真是綿延好幾百年的故事⋯

十三世紀突厥人建立鄂圖曼帝國，繼承羅馬帝國及伊斯蘭文化，位處東西文明交會處，掌握極其重要的海路權達六世紀之久。帝國領土在十七世紀蘇萊曼大帝之世達到高峰，從維也納到黑海、阿拉伯半島、北非埃及，統治全世界六分之一的領土。蘇丹們視自己為統合東西文明的天下之主，是當時唯一能制衡歐洲的帝國。

然而，十九世紀起鄂圖曼帝國開始衰落，國勢大不如前，最終還是不能抵擋經歷工業革命與文藝復興蒸蒸日上的歐洲各國侵略。第一次世界大戰後一九一九年十一月，英法聯軍攻占伊斯坦堡，鄂圖曼帝國隨即崩潰，與歐洲列強簽訂《色佛爾條約》，昔日帝國領土被歐洲列強瓜分侵吞。

好在條約還沒被認可時，現今的土耳其國父凱末爾（Kemal Ataturk）發起獨立戰爭，迫使協約國重返談判桌，歐洲列強在一九二三年承認土耳其國的建立，並退出土耳其。然而，土耳其與歐洲的糾纏並未結束，畢竟這是緊鄰歐洲的異教（伊斯蘭）國，且在地緣戰略上有重要的價值。

土耳其建國後，出現過幾次人口遷徙。最近一次是二戰後，德國因為太多年輕人戰死沙場，國家重建缺乏勞動力，於是從土耳其引進大量移工，這些人在德國定居生根，所以今天在德國常可見到土耳其裔的德國人。自古至今的種種淵源，土耳其一直是歐洲又想保持距離，又想親近的國家，而要不要讓土耳其入歐盟的爭論數十年來也從未停歇。

由於土耳其跟歐洲比起來物價低廉許多，有異國風情，是回教世界裡最開放的國家（沒有禁止喝酒），黑海景致優美，一直是深受歐洲人喜歡的渡假勝地。而我也不禁好奇心的驅使，踏上伊斯坦堡探險。這座連 Ian Fleming 在 From Russia with Love 書裡都讓 James Bond 去出任務，迴盪著可蘭經文的城市，讓人覺得像朦著神秘面紗的回教女子般，露出聰慧的雙眼，可頭巾下的妳又是怎樣的面容呢？

這次下塌的飯店 Sumahan on The Water[1] 位於遊客比較稀少的亞州海岸，房門一開就是博斯普魯斯海峽，藍色清真寺跟聖索菲亞大教堂的雙圓頂在對岸遠處聳立著。飯店建於十九世紀中葉，本來是生產無花果酒 Suma 的蒸餾廠，而 Suma 是生產土耳其國酒 - 茴香酒 Raki 的重要原料。當時一艘艘裝滿無花果的小貨船靠在岸邊卸貨後再載著一箱箱的 Suma 離開。改裝成飯店後，無酒可運，但這條船線還保持著運送住宿的客人到對岸歐洲老城區觀光。

在塞車嚴重的伊斯坦堡，走水道其實是最快的方法，只是基於安全理由，最後一艘回飯店的接駁船大概都在傍晚的時候出發，若是要圖方便就得在那時候回來。回到飯店後，坐在門前草坪的躺椅上，看著落日餘暉漸漸地把湛藍的博斯普魯斯海峽染黑，入夜後，點燈的夜船好似天上繁星點點，靜靜地看著這片黑色的海也很浪漫。

伊斯坦堡最有名的景點不是清真寺就是宮殿，而其中最雄偉華麗的就是十九世紀第三十一任蘇丹 Abdulmecid 一世建造的多爾瑪巴赫切宮（Dolmabahce Palace）。當時蘇丹拜訪歐洲各國後，深深覺得自家宮殿托普卡匹宮（Topkapi Palace）不夠氣派，回國後填海建造仿歐式的新宮 - 多爾瑪巴赫切宮，風格就是三個字「更奢華」。宮裡有數不清的水晶燈，最大那盞重達五噸的水晶吊燈是當時英國女王維多利亞的禮物。

主殿裡的天花板鑲著金箔，珍貴的象牙瓷器黃金隨處可見，宮殿裡每個細節都精雕細琢，富麗堂皇的程度讓人瞠目結舌。主殿旁是蘇丹和女眷生活的後宮

（Harem），裡面有間風格典雅的藍廳是後宮女眷舉行慶典齋戒的地方，寬敞華麗的粉紅聽則是皇太后的寢宮，左右兩旁各有兩間超級小的房間，竟然是蘇丹四位太太住的。

後宮的女人都是不開心的，蘇丹的四個老婆，竟然住在這座金碧輝煌的宮殿裡最陰暗的角落，當蘇丹想要翻雲覆雨時，會向母親提出申請，由母親來決定誰服侍蘇丹。而可憐的女人啊，一點點溫存都是奢望，完事後就被送回房了。在宮裡男歡女愛就是為了繁衍後代，優生學很重要，太后在幫蘇丹挑選老婆的時候，首重頭腦至於其他就不是太后在意的了。

多爾瑪巴赫切宮（Dolmabahce Palace）內部奢華的程度與當時鄂圖曼帝國衰退的國力形成鮮明對比，然而這種用盡全力想要證明自己的奢華卻有種淒涼滄桑感。相較之下，簡樸素雅的舊宮—托普卡匹宮（Topkapi Palace），更能讓人感受到鄂圖曼帝國伊斯蘭文化的強大。

穿梭在歐亞之間的渡輪，波光粼粼的博斯普魯斯海峽，隨處可見的潔白清真寺圓頂，與靛藍的土耳其花磚相互輝映。空氣裡飄盪著莫名香料與水煙，午夜夢迴時遠處傳來的誦經聲，古蹟上斑駁的可蘭經文，戴著面紗的神祕回教女子，古典與現代，歐洲與亞洲，交織出伊斯坦堡這座神秘的城市，宛若一顆明珠在東西交會之界熠熠發亮。

在伊斯坦堡沒有喝到讓人印象深刻的葡萄酒，在地產的葡萄酒喝起來多單調無趣。想想也是，雖說土耳其的葡萄產量驚人，種類又多，畢竟是沒有釀酒歷史的穆斯林國家，要期待水準以上的酒品也是有點不切實際，應該餐餐搭配 **Raki** 才是。回到倫敦後，在雜誌上看到廣受英國時尚人士、藝術家們喜愛的 Soho **House** 把伊斯坦堡一座極有歷史的私宅改成俱樂部，特意保留牆上的斑駁感，混搭六零年代義大利風家具及土耳其風的鮮豔抱枕，非常 Chic。心裡想著，下次一定要去那喝杯 **Raki**。

1 Sumahan on The Water（http://www.sumahan.com/en/default.html）

2AF346

微醺，倫敦：飲酒文化以及酒的故事，顛覆你想像的英國人

作　　者　Lisa Huang（黃瑋苑）
編　　輯　單春蘭
特約美編　江麗姿
封面設計　任宥騰

行銷企劃　辛政遠
行銷專員　楊惠潔
總 編 輯　姚蜀芸
副 社 長　黃錫鉉

總 經 理　吳濱伶
發 行 人　何飛鵬
出　　版　創意市集

印　　刷　凱林彩印股份有限公司
2023 年（民 112)12 月初版 2 刷
Printed in Taiwan.
定　　價　320 元

香港發行所城邦（香港）出版集團有限公司
香港灣仔駱克道 193 號東超商業中心 1 樓
電話：（852） 25086231
傳真：（852） 25789337
E-mail：hkcite@biznetvigator.com

馬新發行所城邦（馬新）出版集團
Cite （M） Sdn Bhd
41, Jalan Radin Anum, Bandar Baru Sri Petaling,　57000 Kuala Lumpur, Malaysia.
電話：（603） 90578822
傳真：（603） 90576622
E-mail：cite@cite.com.my

客戶服務中心

地址：10483 台北市中山區民生東路二段 141 號 B1
服務電話：（02）2500-7718、（02）2500-7719
服務時間：周一至周五 9：30 ～ 18：00
24 小時傳真專線：（02）2500-1990 ～ 3
E-mail：service@readingclub.com.tw

若書籍外觀有破損、缺頁、裝釘錯誤等不完整現象，想要換書、退書，或您有大量購書的需求服務，都請與客服中心聯繫。

- 詢問書籍問題前，請註明您所購買的書名及書號，以及在哪一頁有問題，以便我們能加快處理速度為您服務。
- 我們的回答範圍，恕僅限書籍本身問題及內容撰寫不清楚的地方，關於軟體、硬體本身的問題及衍生的操作狀況，請向原廠商洽詢處理。
- 廠商合作、作者投稿、讀者意見回饋，請至：FB 粉絲團 http://www.facebook.com /InnoFair
E-mail 信箱 ifbook@hmg.com.tw

國家圖書館出版品預行編目（CIP）資料

微醺，倫敦：飲酒文化以及酒的故事，顛覆你想像的英國人 / 黃瑋苑著 . -- 初版 . -- 臺北市 : 創意市集出版 : 城邦文化發行 , 民 109.02
面；　公分

ISBN 978-957-9199-81-0(平裝)
1. 酒 2. 飲食風俗 3. 英國

538.74　　108021758